XING
Erfolgreich netzwerken im Beruf

Frank Bärmann

XING

Erfolgreich netzwerken im Beruf

Bibliografische Information der Deutschen Nationalbibliothek
Die Deutsche Nationalbibliothek verzeichnet diese Publikation in der
Deutschen Nationalbibliografie; detaillierte bibliografische
Daten sind im Internet über <http://dnb.d-nb.de> abrufbar.

Bei der Herstellung des Werkes haben wir uns zukunftsbewusst für
umweltverträgliche und wiederverwertbare Materialien entschieden.
Der Inhalt ist auf elementar chlorfreiem Papier gedruckt.

ISBN 978-3-8266-8207-0
1. Auflage 2014

www.mitp.de
E-Mail: kundenbetreuung@hjr-verlag.de

Telefon: +49 6221/489-555
Telefax: +49 6221/489-410

© 2014 mitp, eine Marke der Verlagsgruppe Hüthig Jehle Rehm GmbH
Heidelberg, München, Landsberg, Frechen, Hamburg

Dieses Werk, einschließlich aller seiner Teile, ist urheberrechtlich geschützt. Jede Verwertung außerhalb der engen Grenzen des Urheberrechtsgesetzes ist ohne Zustimmung des Verlages unzulässig und strafbar. Dies gilt insbesondere für Vervielfältigungen, Übersetzungen, Mikroverfilmungen und die Einspeicherung und Verarbeitung in elektronischen Systemen.

Die Wiedergabe von Gebrauchsnamen, Handelsnamen, Warenbezeichnungen usw. in diesem Werk berechtigt auch ohne besondere Kennzeichnung nicht zu der Annahme, dass solche Namen im Sinne der Warenzeichen- und Markenschutz-Gesetzgebung als frei zu betrachten wären und daher von jedermann benutzt werden dürften.

Lektorat: Miriam Robels
Sprachkorrektorat: Sabine Welter
Covergestaltung: Christian Kalkert, www.kalkert.de
Satz: III-Satz, Husby, www.drei-satz.de
Druck: Westermann Druck Zwickau GmbH

Inhaltsverzeichnis

1: Willkommen bei XING! 9

2: XING-Mitgliedschaften – Die Qual der Wahl 13

3: Anmelden und Starten 19

3.1 Erstanmeldung 20
3.2 Premium-Mitglied werden 20
3.3 Ihr XING-Profil 20
3.4 Portfolio 32
3.5 Weitere Profile im Netz 37
3.6 Impressum. 38

4: Die XING-Oberfläche kennen lernen 39

4.1 Die Startseite 40
    4.1.1 Neuigkeiten 40
    4.1.2 Das Postfach 42

		4.1.3	Kontakte	44
		4.1.4	Mitglieder finden	48
	4.2	Die fixe Seitennavigation		50
		4.2.1	Premium-Bereich	50
		4.2.2	Reaktionen auf Ihre Aktivitäten	51
		4.2.3	Neue Nachrichten	51
		4.2.4	Neue Kontakte	51
		4.2.5	Jobs & Karrieren	52
		4.2.6	Gruppen-Benachrichtigungen	52
		4.2.7	Event-Benachrichtigungen	52
		4.2.8	Unternehmen	53
		4.2.9	Einstellungen, Rechnungen & Konten	55
		4.2.10	Beta Labs	56

5: Das Netzwerk aufbauen und pflegen 57

5.1	Vorüberlegungen zum Kontaktaufbau	58
5.2	Kontakte finden	60
5.3	Kontaktanfragen	71
5.4	Hausputz im eigenen Netzwerk	82
5.5	XING aktiv nutzen	92

6: Weitere XING-Bausteine 97

6.1	Jobs & Karriere	98
6.2	Der XING-Projektmarkt	100
6.3	XING-Gruppen	103
6.4	XING-Events	104
6.5	Reputation und Employer Branding: Die XING-Unternehmensprofile	104

7: Wissen teilen, Hilfe finden, diskutieren: XING-Gruppen 105

7.1 Wichtige Grundregeln für Gruppen 107
7.2 Der Nutzen von XING-Gruppen 108
7.3 Gruppen finden 110
7.4 Tipps und Tricks für die Arbeit in Gruppen 112
7.5 Eine Gruppe gründen 124

8: Veranstaltungen für Networker: XING-Events 127

8.1 XING-Events als Teilnehmer nutzen 128
8.2 XING-Events als Veranstalter nutzen..................... 132
8.3 Der Nutzen von Events 161

9: Unternehmen stellen sich vor: Die XING-Unternehmensprofile 163

9.1 Die Idee der Unternehmensprofile 164
9.2 Unternehmensprofil anlegen 165
9.3 Unternehmensprofil füllen und ausbauen................. 169
9.4 Unternehmensprofile aus Sicht der Nutzer 178

10: Nützliche Programme und Apps 181

10.1 Programme und Anwendungen aus dem Hause XING 182
10.2 Programme und Werkzeuge von Drittanbietern 186
10.3 Die mobilen Apps..................................... 189

11: Datenschutz und Privatsphäre — 193

11.1 Datenschutz 194
11.2 Privatsphäre 197

12: XING für... — 207

12.1 XING für Freiberufler 208
12.2 XING für Vertriebler 213
12.3 XING für Handwerker 218
12.4 XING für Existenzgründer 221
12.5 XING für Personaler 223
12.6 XING für die Geschäftsführung 231
12.7 XING für Jobsuchende 232
12.8 XING für Journalisten 238

13: Schluss mit XING — 241

13.1 Kündigung als Basismitglied 242
13.2 Kündigung als Premiummitglied 244

Index 245

Kapitel 1
Willkommen bei XING!

1 Willkommen bei XING!

Als Lars Hinrichs im Jahre 2003 den *Open Business Club* (OpenBC) gründete, konnte niemand den Siegeszug des neuen Business-Netzwerks in Deutschland ahnen. Damals war von Social Media im heutigen Verständnis noch keine Rede, es gab kein Facebook, kein Twitter und kein YouTube. Lediglich einige Weblogs publizierten bereits Beiträge in den USA. Hinrichs gründete ein soziales Netzwerk, in dem Mitglieder vorrangig ihre beruflichen – aber auch privaten – Kontakte zu anderen Personen verwalten und neue Kontakte finden können. Dabei kann ein Benutzer sehen, »über wie viele Ecken« – also über welche anderen Mitglieder – er jemanden kennt. Die Welt ist eben klein.

Im September 2006 wurde aus Gründen der Internationalisierung die Namensänderung zu *XING* vollzogen.

Zum einen enthielt der bisherige Name *openBC* das Kürzel BC, was im englischsprachigen Raum »Before Christ« bedeutet. Zum anderen dachten viele Nutzer bei »Open«, also offen, dass alle ihre Kontakte öffentlich zugänglich wären. Und zum dritten gab es zu viele Markennachahmungen mit BC. Der neue Name XING bedeutet auf Chinesisch »can do«, also »es ist möglich« und transportiert damit eine eindeutige Nachricht. Im Englischen steht er als Abkürzung für »Crossing«, also Kreuzung, was als Begegnung von Geschäftskontakten gesehen werden kann.

Heute ist XING mit über 7 Millionen Mitgliedern (Stand Januar 2014) im deutschsprachigen Raum das marktführende berufliche Netzwerk in dieser Region (weltweit über 14,1 Millionen). Die Zahl der beitragszahlenden Premiummitglieder lag Ende des Jahres bei etwa 830.000.

Was ist an XING nun so besonders? Was macht das Netzwerk im Vergleich zu Facebook, Twitter und Co. so einzigartig? Es ist die klare und eindeutige Fokussierung auf die Themen Geschäft, Job und Karriere. Im Mittelpunkt von XING stehen immer die »Kontakte«, das persönliche Netzwerk. Alle Funktionen, die der Nutzer bei XING findet, dienen fast ausschließlich dem »Kontakte knüpfen«. Und Kontakte sind die Grundlage für Business jeglicher Art. Hierzu ein paar Beispiele:

Unternehmer finden bei XING neue Kunden, Lieferanten, Partner oder Mitarbeiter. Berufstätige finden aktuelle oder ehemalige Kollegen, Kunden oder Kommilitonen. Jobsuchende finden hier einen neuen Arbeitgeber und Arbeitgeber finden hier neue Mitarbeiter.

Neben dem Knüpfen von Kontakten wird heute in über 50.000 Gruppen Wissen ausgetauscht, sich gegenseitig geholfen und über Themen diskutiert.

Meiner Meinung nach sind immer noch viel zu viele Berufstätige, Unternehmer und Jobsuchende nicht bei XING. Das hat nichts damit zu tun, dass ich irgendeine Art von Provision von XING erhalte, wenn ich neue Mitglieder heranschaffe. Nein, es hat etwas mit der echten Überzeugung zu tun, dass XING für sehr viele einen Nutzen bringt, die davon gar nichts wissen.

Mit diesem Buch möchte ich einige Fälle und Beispiele aufzeigen, wie man XING im Business-Bereich (also im Bereich Geschäft, Job und Karriere) sinnvoll und nutzbringend einsetzen kann. Vielleicht erkennt daraufhin der eine oder andere seinen persönlichen Nutzen und nutzt das Netzwerk in Zukunft intensiver. Es würde mich freuen.

Ihr
Frank Bärmann

Kapitel 2
XING-Mitgliedschaften Die Qual der Wahl

2 XING-Mitgliedschaften Die Qual der Wahl

XING bot seinen Mitgliedern von Anfang an die Wahl zwischen einer kostenlosen Basis-Mitgliedschaft und einer kostenpflichtigen Premium-Mitgliedschaft.

Basis-Mitgliedschaft

Mit der kostenlosen Basis-Mitgliedschaft stehen die wichtigsten Funktionen von XING zur Verfügung: Sie erhalten ein eigenes professionelles Profil, können Kontakte einladen und verwalten, in Gruppen aktiv werden, an Events teilnehmen bzw. eigene Events organisieren.

Premium-Mitgliedschaft

Mit der kostenpflichtigen Premium-Mitgliedschaft erhalten die Mitglieder Zugang zu einer ganzen Reihe von besonderen Funktionen. Dazu gehört z.B., dass sie sehen können, wer ihr Profil besucht hat, dass sie Nachrichten auch an Nicht-Kontakte senden können und dass ihnen sehr viel umfangreichere Such- und Recherchemöglichkeiten zur Verfügung stehen. Zudem können Premium-Mitglieder anderen Mitgliedern Nachrichten mit Dateianhängen senden.

XING bemüht sich permanent, die Vorteile für die Premium-Mitglieder auszubauen und eine solche Mitgliedschaft attraktiver zu machen. Immerhin sind die Premium-Mitgliedschaften die Haupteinnahmequelle des Unternehmens.

Einen Direktvergleich der beiden Mitgliedschaften sehen Sie in der nachfolgenden Abbildung.

> **Hinweis**
>
> Falls Sie von einer Basis- in eine Premium-Mitgliedschaft wechseln möchten, besuchen Sie die Seite *https://www.xing.com/app/billing*. Die Kosten für eine Premium-Mitgliedschaft starten zurzeit bei 7,95 EUR inkl. MwSt. bei 12 Monaten Laufzeit. Es gibt aber auch immer wieder Sonderaktionen mit Rabatten.

Die Mitgliedschaften im Vergleich

	Basis	Premium
› Sich mit **einem eigenen Profil** professionell präsentieren	✓	✓
› **Kontakte** knüpfen, verwalten, merken und mit ihnen kommunizieren	✓	✓
› **Neuigkeiten, Empfehlungen und Wissenswertes** Ihrer Kontakte verfolgen und selbst z. B. Mitteilungen oder Links veröffentlichen	✓	✓
› **Gruppen** entdecken oder selbst gründen und in Foren diskutieren	✓	✓
› **Jobs** finden oder eigene Stellenanzeigen schalten	✓	✓
› **Events** besuchen oder selbst veranstalten, inkl. Verkauf von Tickets und mehr	✓	✓
› **Einfache und schnelle Mitgliedersuche**, maximale Suchergebnisse:	15	300
› [NEU] **Dateianhänge** mit Ihren Nachrichten versenden, max. Dateigröße:		100 MB
› **Nachrichten an Nicht-Kontakte** schreiben		20
› **Noch gezielter Mitglieder finden**, mit der erweiterten Suche		✓
› **Nur relevante Suchtreffer anzeigen**, dank spezieller Premium-Suchfilter		✓
› **Automatisch suchen lassen**, mit praktischen Suchaufträgen, gleichzeitig bis zu ...		20
› **Besucher** des eigenen Profils sehen		✓
› **Aussagekräftige Dokumente** dem eigenen Profil hinzufügen (z. B. Arbeitsproben, Zeugnisse etc.)		✓
› **Referenzen** von anderen erhalten und auf dem eigenen Profil anzeigen		✓
› **Werbefreies Profil**, für einen noch professionelleren Auftritt		✓
› **Alle Rabatte** der XING-Vorteilsangebote nutzen		✓

Vergleich der Mitgliedschaften (Quelle: XING)

Basis oder Premium?

Egal, ob Sie bereits ein Konto bei XING besitzen oder neu einsteigen wollen, es stellt sich natürlich die Frage, ob sich eine Premium-Mitgliedschaft lohnt. Diese Frage muss jeder für sich selbst beantworten.

Ich kann Ihnen an dieser Stelle nur einige Denkanstöße für Ihre Entscheidung geben. Diese hängt ganz stark davon ab, welche Ziele Sie mit der XING-Mitgliedschaft erreichen wollen oder anders ausgedrückt: Was Sie mit XING tun wollen.

XING-Mitgliedschaften Die Qual der Wahl

Fall 1

Sie nutzen XING, um alte Bekannte, ehemalige Kollegen, Freunde oder Kommilitonen zu finden. Der Austausch ist eher privater Natur und nur sehr sporadisch. Sie möchten zudem keine Detailinformationen über sich preisgeben, sondern nur Kontaktinformationen.

Hier ist eine Premium-Mitgliedschaft nicht notwendig. Die Funktionen der Basis-Mitgliedschaft reichen voll und ganz aus.

Fall 2

Sie nutzen XING als berufstätige Person und möchten nicht nur Kontakt zu Kollegen und ehemaligen Mitschülern oder Kommilitonen pflegen, sondern auch zu Kunden, Lieferanten und Partnern Ihres Arbeitgebers.
Sie suchen eine (neue) Stelle und möchten sich professionell präsentieren.

Hier ist eine Premium-Mitgliedschaft nicht unbedingt notwendig, aber sehr empfehlenswert. Durch eine Premium-Mitgliedschaft erhalten Sie die Möglichkeit, mit anderen Mitgliedern direkt in Kontakt zu treten und z.B. Dateianhänge zu versenden.

Für Jobsuchende ist es enorm wichtig, sich möglichst professionell und umfassend darzustellen. Als Premium-Mitglied erhalten Sie die Möglichkeit, aussagekräftige Dokumente dem eigenen Profil hinzuzufügen (z.B. Arbeitsproben, Zeugnisse etc.). Außerdem sehen Sie, wer Ihr Profil besucht hat, um ggf. auf den Anruf eines Recruiters vorbereitet zu sein.

Fall 3

Sie nutzen XING geschäftlich z.B. als Unternehmer, Freiberufler oder Vertriebs- oder Marketingleiter. Sie benötigen ein exzellentes Profil, das auf das eigene Business ausgerichtet ist und Sie als Experte darstellt. Sie nutzen Kundenreferenzen als Aushängeschild und wollen mit anderen Professionals direkt in Kontakt treten.
Sie suchen als Unternehmer neue Mitarbeiter.

Hier ist eine Premium-Mitgliedschaft zwingend notwendig. Wer sich bei XING geschäftlich professionell darstellen will, ist als Basis-Mitglied aufgeschmissen. Die vielen Zusatzfunktionen der Premium-Mitgliedschaft dienen explizit der Selbstdarstellung als Experte und Profi.

Zudem erhalten Sie beispielsweise spezielle Such- und Recherchefunktionen, die Ihnen das Auffinden von potenziellen Kunden, Partnern oder Lieferanten stark vereinfachen. Hierzu zählt eine Suchfunktion, die lange Zeit als »Powersuche« bezeichnet wurde und neuerdings im XING-Premium-Bereich ihr neues Zuhause gefunden hat. Dort kann man Mitglieder nach Gemeinsamkeiten auswählen oder danach, ob diese auf Ihrem Profil waren oder suchen, was Sie bieten.

Welche Mitgliedschaft Sie auch wählen, in den folgenden Kapiteln erfahren Sie, was XING Ihnen bietet und wie Sie es richtig und erfolgreich nutzen können.

Es sei zum Schluss angemerkt, dass viele der vorgestellten Funktionen den Premium-Mitgliedern vorbehalten bleiben, ich werde an den entsprechenden Stellen aber darauf hinweisen.

Kapitel 3
Anmelden und Starten

3.1	Erstanmeldung	20
3.2	Premium-Mitglied werden	20
3.3	Ihr XING-Profil	20
3.4	Portfolio	32
3.5	Weitere Profile im Netz	37
3.6	Impressum	38

3.1 Erstanmeldung

Falls Sie nicht schon ein XING-Profil besitzen, können Sie sich über die Adresse *http://www.xing.com/* einfach und schnell registrieren. Dazu füllen Sie einfach das Formular aus. Danach erhalten Sie eine E-Mail mit einem Link, über den Sie Ihren XING-Zugang aktivieren. Nachdem Sie die dort beschriebene Aktivierung durchgeführt haben, sind Sie Basis-Mitglied bei XING.

> **Tipp**
>
> Lassen Sie sich von einem anderen Premium-Mitglied zu XING einladen. Sie erhalten dann automatisch einen Gratis- Monat als Premium-Mitglied und können alle Funktionen in vollem Umfang nutzen. Voraussetzung ist, dass Sie noch kein Mitglied bei XING sind oder waren.

3.2 Premium-Mitglied werden

Um zum Premium-Mitglied zu werden, lassen Sie sich entweder einladen oder – wenn Sie bereits Basis-Mitglied sind – wählen Sie aktiv die kostenpflichtige Mitgliedschaft. Dazu klicken Sie einfach auf eine der vielen Aufforderungen innerhalb Ihres Profils, z.B. unterhalb Ihres Fotos oder rechts oben in der Ecke.

Der Wechsel zum Premium-Mitglied wird Ihnen bei XING mehrfach angeboten

Alternativ können Sie sich direkt über die Adresse anmelden: *https://www.xing.com/app/billing*

3.3 Ihr XING-Profil

Im Sommer 2013 hat XING das Profil, also die Darstellung Ihrer Person bei XING, völlig neu gestaltet. Im Folgenden erkläre ich kurz die einzelnen Punkte, die für ein professionelles Profil wichtig sind.

Ihr XING-Profil 3.3

Wenn Sie sich eingeloggt haben, zeigt sich Ihnen zunächst die Startseite. Auf die Elemente und Funktionen gehe ich später genauer ein. Um Ihr Profil zu erreichen, klicken Sie oben links auf Ihr Foto oder das graue Standardbild.

Über den Klick auf Ihr Foto gelangen Sie zum Profil

Nun haben Sie Ihr persönliches Profil, Ihre Visitenkarte bei XING, vor sich und können mit der Einrichtung beginnen.

Das XING-Profil in neuem Gewand

Am besten beginnen Sie mit dem Füllen Ihres Profils systematisch von oben nach unten. Im Kopfbereich finden Sie Ihren Namen, Ihre Positionsbeschreibung, den Firmenname Ihres Arbeitgebers oder Ihres Unternehmens, Ihre Kontaktdaten, die Einstellungen, einen Profilspruch und das Foto.

> ### Wichtig
>
> Bevor Sie anfangen, Ihr Profil zu überarbeiten, sollten Sie die Meldungen über Ihre Aktivitäten im eigenen Netzwerk kurzzeitig abschalten. Ansonsten erhalten Ihre Kontakte eine Nachricht über jede einzelne Änderung. Wenn Sie noch keine Kontakte besitzen, können Sie diesen Tipp getrost übergehen. Ansonsten wechseln Sie auf Ihre Einstellungen (das Zahnrad ✿ links unten in der Leiste) und klicken auf PRIVATSPHÄRE. Im Bereich IHRE AKTIVITÄTEN klicken Sie auf Bearbeiten und entfernen die Häkchen von den ersten drei Einträgen sowie dem Profilspruch. Anschließend speichern Sie alles. Wenn Sie mit der Bearbeitung komplett fertig sind, sollten Sie die Häkchen unbedingt wieder aktivieren.

3.3.1 Kopfbereich

Wie ich bereits zuvor erwähnte, finden Sie im Kopfbereich vier wichtige Elemente des Profils: Foto, Name, Akademischer Abschluss (optional), Positionsbeschreibung und Firmenname. Worauf Sie hier besonders achten sollten, erkläre ich im Folgenden.

Im Kopfbereich stehen alle wichtigen Angaben zur Person

Foto

Ein Bild sagt mehr als 1000 Worte. Diese Weisheit gilt nach wie vor und vor allem dort, wo es um Kontakte geht. Deshalb ist ein professionelles Foto im XING-Profil sehr wichtig. Professionell bedeutet: von guter Qualität, vom Profi gemacht. Sparen Sie hier nicht am falschen Ende und gehen Sie zum Fotografen.

Das Foto muss aber auch zu Ihnen und der Tätigkeit passen. Kreative Menschen sollten auch kreativere Fotos haben, ein Geschäftsführer muss eher seriös und ein Vertriebsmensch offen auftreten. Hier sind einige Beispiele von guten Fotos.

Beispiele für gute Profilfotos

Hinweis

Das Profilfoto bei XING sollte 140 x 185 Pixel groß sein. Fotos, die schmaler oder flacher sind, werden von XING mit einem weißen Rand aufgefüllt, was sehr unschön aussieht.

Ideal sind einige dieser Fotos aber immer noch nicht. XING zeigt nämlich die Fotos der Besucher eines Profils als rundes Vorschaubild an. In dem folgenden Beispiel erkennen Sie dann, dass einige Gesichter/Köpfe abgeschnitten oder zu weit rechts oder links zu sehen sind. Die flacheren Fotos sind an dem weißen Rand oben und unten zu erkennen.

Profilbesucher

Bei den runden Bildchen der Besucher eines Profils sind manche Gesichter und Köpfe ungünstig positioniert.

> **Tipp**
>
> Achten Sie darauf, dass Ihr Gesicht genau in der Mitte des Bildes sitzt.

Schlechte Fotos machen den ersten Eindruck kaputt. Die Liste der schlechten Fotos geht von unterbelichtet, unscharf über alt und pixelig bis zu reinen Freizeitfotos.

> **Hinweis**
>
> Das schlimmste, das Sie bei XING tun können, ist, überhaupt kein Foto einzustellen. Dann sehen andere den lästigen männlichen oder weiblichen Schatten. Niemand möchte so recht mit Ihnen in Kontakt treten, wenn sein Gegenüber sich nicht zeigt. Das ist unhöflich und wird nicht gerne gesehen.

Name

Im Gegensatz zu anderen sozialen Netzwerken muss man bei XING den eigenen Namen benutzen. Die Geschäftsbedingungen von XING erlauben keine Nutzung von Pseudonymen oder Scherznamen. Der Vorteil und die Seriosität von XING beruhen zum größten Teil auf der Nutzung der echten Identität. Auf XING präsentiert man sich als echte Person mit den eigenen biografischen Angaben, um von Geschäftspartnern oder Personalentscheidern auch gefunden zu werden.

Akademischer Abschluss (optional)

Falls Sie einen Hochschulabschluss besitzen, können Sie den an dieser Stelle anzeigen lassen. Den Abschluss legen Sie im Bereich EINSTELLUNGEN und PERSÖNLICHE DATEN fest. Hier wird zudem ein Akademischer Grad eingetragen.

Positionsbeschreibung

Die Positionsbeschreibung dient dazu, anderen Ihren aktuell ausgeübten Beruf zu zeigen. Verwenden Sie bitte eher nicht Beschreibungen wie Berater, Manager oder IT-Experte, sondern formulieren Sie so konkret wie möglich. Falls diese Begriffe Ihrer aktuelle Positionsbeschreibung tatsächlich entsprechen, können Sie in Klammern Ergänzungen hinzufügen, z.B. »IT-Experte (Hardware und Software)« oder »Berater (SAP)«.

In diesem Feld ist es auch erlaubt, kleine Werbeslogans oder konkrete Angebote zu hinterlegen.

Tipp

Die im Profil neben dem Foto angezeigte Positionsbeschreibung und der Firmenname können im eigenen Profil unter Berufserfahrung geändert werden.

Firmenname

In das Feld FIRMENNAME tragen Sie den Namen Ihres aktuellen Arbeitgebers bzw. Ihres Unternehmens ein. Welcher Firmenname hier erscheint, entscheiden Sie im Profil unter Berufserfahrung durch ein Häkchen.

Berufserfahrung bearbeiten

Position*:

| Beratung und Training für Recruiting und Employer Branding mit Social Media |

☐ Diese Tätigkeit neben meinem Namen und oben auf meiner Profilseite anzeigen

3 Anmelden und Starten

> **Wichtig**
>
> Achten Sie darauf, dass die Firmennamen Ihrer Arbeitgeber oder eigenen Firmen stets korrekt und in einheitlicher Schreibweise eingetragen sind. Schon die kleinsten Abweichungen (Punkt vergessen oder Abkürzungen) können schwerwiegende Folgen haben, z.b. bei der Anlage der Unternehmensprofile. Auch Ihre Mitarbeiter bei XING sollten auf genau die identische Schreibweise des Firmennamens achten.

Der Profilspruch

Der Profilspruch bietet Platz für einen persönlichen Satz oder Slogan. Dadurch, dass die Veränderung dieses Spruches jedes Mal eine Nachricht in Ihrem Newsfeed auslöst, können Sie dieses Feld für einen Werbespruch (Claim) oder ein Angebot nutzen und ihre Kontakte leicht informieren.

Beispiel: Tätigkeitsbeschreibung

> *Ihr Berater, Interim- & Projekt Manager sowie Referent und Moderator für Recruitment, Personalmarketing & Employer Branding im Web.*

Beispiel: Veranstaltungshinweis

> *Wir veranstalten wieder ein Gehölz- und Obstbaumschnittseminar am 03. März 2012 und einen Tag der offenen Tür & Gartenfest am 29. April 2012. Info unter: http://www*

Beispiel: Jobinserat

> *Technologiebegeisterte mit digitalem Herzschlag bitte melden! Aktuell suchen wir vorrangig Software-Entwickler (m/w) mit Delphi- und/oder PHP-Erfahrung. Details unter http://www*

Beispiel: Philosophie

> *„Der eine wartet, dass die Zeit sich wandelt, der andere packt sie an und handelt." (Dante Alighieri - italienischer Dichter und Philosoph)*

Egal, was Ihnen hier einfällt, nutzen Sie dieses Feld regelmäßig, um auf Ihre Kompetenzen, Angebote, Aktionen oder Veranstaltungen hinzuweisen.

Kontaktdaten

Bei den Kontaktdaten wird zwischen geschäftlichen und privaten Kontaktdaten unterschieden. Im geschäftlichen Bereich sollten Sie so viele Kontaktkanäle wie möglich angeben. Bei den privaten Daten sollten Sie sparsamer sein.

Es ist allerdings so, dass die privaten Kontaktdaten zunächst nirgendwo auftauchen. Sie können für jeden Kontakt einzeln definieren, ob dieser auch Ihre privaten Kontaktdaten sehen darf.

Um auszuwählen, welche Daten ein Kontakt von Ihnen sehen darf, klicken Sie im Kopfbereich dessen Profils unterhalb der beiden großen Schaltflächen auf den Link MEHR und wählen Sie DATENFREIGABE BEARBEITEN. Nun können Sie auswählen, was diese Person sehen darf. Ihre Änderungen werden mit Klick auf SPEICHERN sofort wirksam.

Bei neuen Kontakten erledigen Sie diese Einstellungen bei der Kontaktaufnahme.

Ihre geschäftlichen Kontaktdaten werden einem anderen XING-Mitglied als sogenannte vCard zum Download angeboten. Diese Art von Datei kann in Programmen wie Outlook oder iCal importiert werden.

Die vCard ist eine Kontakt-Datei für Outlook & Co.

Einstellungen

Im Bereich EINSTELLUNGEN legen Sie Ihre Zugangsdaten, Ihre persönlichen Daten, Ihre Privatsphäre und die Art, wie Sie von XING benachrichtigt werden wollen, fest.

> **Wichtig**
>
> Nehmen Sie sich ausreichend Zeit, Ihre Privatsphäre-Einstellungen zu lesen und für Sie optimal zu justieren. Tipps dazu finden Sie in Kapitel 11 dieses Buches.

3.3.2 Hauptbereich

Im Hauptbereich Ihres Profils befindet sich Ihr Lebenslauf. Alles das, was Sie in einem Bewerbungslebenslauf angeben würden, gehört hier mindestens hinein.

Berufserfahrung und Ausbildung

In diesen Bereich gehören alle beruflichen Stationen vom ersten Praktikum über die Berufsausbildung bis zu allen kleinen und großen Arbeitsstellen. Die Einträge werden chronologisch sortiert. Dabei spielt zunächst das Enddatum die entscheidende Rolle. So werden frühere Tätigkeiten weiter unten im Profil aufgeführt. Bei allen Tätigkeiten, die Sie aktuell noch ausüben (die also »heute« zeigen), wird nach dem Startdatum sortiert. Auch hier werden ältere Tätigkeiten tiefer einsortiert als jüngere. Die einzige Ausnahme bestimmen Sie selbst, indem Sie an einer Tätigkeit das Häkchen DIESE TÄTIGKEIT NEBEN MEINEM NAMEN UND OBEN AUF MEINER PROFILSEITE ANZEIGEN aktivieren. Diese Tätigkeit wird dann – wie die Beschreibung es sagt – oben im Kopfbereich neben Ihrem Namen angezeigt. Zudem steht diese Tätigkeit immer fix an erster Stelle.

> **Tipp**
>
> Tragen Sie selbst kleinere Teil- oder Nebentätigkeiten ein. Es ist meiner Ansicht nach immer von Vorteil, dem Besucher alle Tätigkeiten und Facetten seiner beruflichen Laufbahn und damit seine Kompetenzen zu präsentieren.

> **Beispiel**
>
> Sie sind Chef einer Kreativagentur und zugleich Trainer, Autor, Zeichner, Blogger, Podcaster, Texter und Kontakter. Dann gehören alle diese einzelnen Tätigkeiten in das Feld Berufserfahrung.

Sprachen, Qualifikationen und Auszeichnungen

Alles, was Sie an Zeugnissen, Auszeichnungen und Qualifikationen erworben haben, dürfen Sie hier nennen. Tragen Sie beispielsweise hier ein, wenn Sie Sprachkurse mit Abschluss, IT-Weiterbildungen oder andere Zusatzqualifikationen erworben haben. Denken Sie aber bitte daran, dass Sie im Falle einer Bewerbung ggf. Nachweise darüber erbringen müssen. Bleiben Sie deshalb bei der Wahrheit.

Organisationen

Wenn Sie Mitglied in Vereinen oder Berufsverbänden sind, gehören die Mitgliedschaften hier hinein.

Referenzen

Als Premium Mitglied haben Sie die Möglichkeit, Ihre Kontakte um ein Referenz zu bitten. Dabei geben Sie eine Ihrer genannten Tätigkeiten an (HINWEIS: Deshalb sind die Einzeltätigkeiten wichtig!) und bitten einzelne Kontakte, genau für diese Tätigkeit eine Bewertung abzugeben.

Empfehlungsschreiben:
"Herr Bärmann hat in unserem Unternehmen eine zweitägige Inhouse-Schulung zum Thema "Social Media Marketing" durchgeführt. Wir waren sowohl mit den vermittelten Inhalten des Seminars als auch mit der Art und Weise der Präsentation durch Herrn Bärmann vollstens zufrieden. Die Seminarinhalte war explizit auf unsere Bedürfnisse zugeschnitten und konnten direkt in unsere Unternehmenstätigkeit integriert werden. Vielen Dank!" » einklappen 10.11.2010

Beispiel einer Referenz

Interessen (Hobbies) und Persönliches

Abschließend gehört in einen Lebenslauf auch die persönliche Note. Ihr Gegenüber möchte ein wenig darüber erfahren, was Sie in Ihrer Freizeit treiben. Hier müssen Sie nicht in aller Ausführlichkeit Ihr Privatleben offenlegen. Es reicht, genauso wie beim Lebenslauf, ein paar relevante Hobbies oder Interessensgebiete einzutragen. Dieses Feld kann auch offen gelassen werden.

Im Bereich PERSÖNLICHES können Sie Ihr Geburtsdatum und Ihren Geburtsnamen eintragen. Zudem werden XING-Statistiken gezeigt.

Ich biete

Das Feld ICH BIETE bietet Ihnen die Möglichkeit, alle Ihre Leistungen, Kenntnisse und Fertigkeiten (Skills) anzubieten. XING möchte, dass Sie hier Stichworte bzw. Schlüsselworte eintragen und keinen Prosatext. Deshalb hat man eine spezielle Maske eingeführt, in die man so viele Textbausteine einträgt, wie man mag.

Die Einträge im ICH-BIETE-Bereich sind für die Übersichtlichkeit sowie die XING-Suchfunktion von enormer Bedeutung. Nutzer suchen in der Regel nach einzelnen Begriffen, die XING dann in Echtzeit mit anderen Profilen vergleicht. Wird ein Stichwort in der Rubrik ICH BIETE gefunden, kommt das XING-Mitglied in die Suchergebnisse.

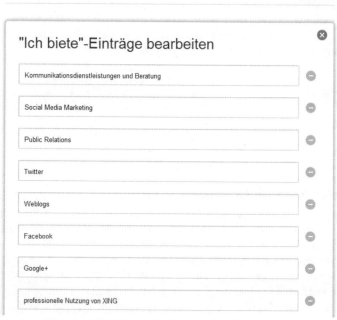

Tragen Sie in die »Ich biete«-Maske Ihre Leistungen als Schlagworte ein.

Tragen Sie deshalb alles ein, was man von Ihnen erwarten kann, welche Stärken Sie mitbringen, wo mögliche Anknüpfungspunkte für eine Kooperation sind. Versetzen Sie sich dabei in die Lage des Suchenden und fragen Sie sich, was jemand suchen könnte, der Ihre Leistungen sehen soll. Das funktioniert so ähnlich wie die Suche nach den richtigen Keywords beim Suchmaschinenmarketing.

Tipp
Auch wenn die einzelnen Begriffe oder Wortkombinationen im Vordergrund stehen sollten, können Sie kleine Sätze durchaus dort einfügen. Dazu gehören Leistungen, die Sie mit einem Schlagwort nicht erklären können.

Wichtig
Nutzen Sie bei den Sätzen KEIN Komma, da das Komma von XING als Trennzeichen zwischen den verschiedenen Stichwörtern genutzt wird. Die Sätze und Wortkombinationen würden an dieser Stelle getrennt und als zwei Stichworte ausgegeben.

Geben Sie ruhig auch Begriffe an, die nicht direkt mit Ihrer Leistung oder Ihren Fähigkeiten zu tun haben. Wenn Sie z.B. offen sind für Diskussionen oder Austausch suchen (also gerne kontaktiert werden möchten), dann können Sie auch Begriffe wie »offene Dialoge«, »Diskussionen« oder »Bereitschaft zum fachlichen Austausch« angeben. Wenn Sie versteckt nach einem neuen Job suchen, könnten Sie hier »Bereitschaft für eine neue Herausforderung« nennen. Der Recruiter weiß dann Bescheid.

Ich suche
Der Bereich ICH SUCHE entspricht im Grunde dem Bereich ICH BIETE, prinzipiell nur umgekehrt. Hier gehören die Themen hin, die Sie interessieren: Kunden, Geschäftspartner, neue Mitarbeiter etc. Nur bitte schreiben Sie das nicht genauso. Kunden suchen sehr viele Mitglieder bei XING. Damit kann niemand etwas anfangen, schon gar nicht der Suchalgorithmus. Und niemand bietet Kunden.

> **Beispiel**
>
> Da ich stets neue Kunden für meine Agentur suche, könnte ich beispielsweise schreiben »Unternehmen mit Interesse an Social Media« oder »Unternehmen auf der Suche nach einem Blog-Experten«. Keine Beschreibung enthält ein Komma.

Wichtig ist, dass Sie in die ICH BIETE-Rubrik und in die ICH SUCHE-Rubrik nicht die identischen Begriffe eintragen. Selbstverständlich bieten Sie als Experte und Dozent als Leistung »Fachvorträge« und Sie suchen stets neue Redemöglichkeiten für Fachvorträge. Damit würden Sie in beiden Rubriken »Fachvorträge« eintragen.

Wenn das alle XING-Mitglieder so machen würden, würde bei Ihrer Recherche nach Mitgliedern, die »Fachvorträge« suchen (also, die Sie buchen sollen) auch alle Ihre Wettbewerber auftauchen, da diese ebenfalls »Fachvorträge« unter ICH SUCHE eingetragen haben. Die XING-Funktion ZEIGE ALLE MITGLIEDER, DIE SUCHEN, WAS ICH BIETE würde ad absurdum geführt.

Vielmehr passt in die ICH SUCHE-Rubrik eine Beschreibung wie »Redemöglichkeiten«, »Speaking Opportunities« oder »Termine für Fachvorträge«.

Gleiches gilt für die Spezifizierung der Begriffe »Kunden«, »Kooperationspartner« oder »Geschäftspartner«. Schreiben Sie klar und deutlich, wen genau Sie suchen. Ich suche »Unternehmen mit Interesse an Social Media« oder »An Social Media interessierte Firmen«.

3.4 Portfolio

Das Portfolio ist mit der Neugestaltung von XING ganz neu hinzugekommen. Es ist der Bereich Ihres Profils, den Sie nutzen können, um sich und Ihre professionellen Stärken mit Bildern, Texten und Dokumenten zu präsentieren. Dazu können Sie Module aus Texten, Bildern und Dokumenten hinzufügen und diese nach Belieben anordnen.

Beginnen Sie, indem Sie im Portfolio auf ETWAS HINZUFÜGEN klicken und dann auswählen, ob Sie einen Text, ein Bild, oder ein PDF hinzufügen möchten.

So füllen Sie Ihr Portfolio

Bilder hochladen

Sie können Bilder der Formate JPG, PNG und BMP mit einer Größe bis zu 5 MB hochladen. Vorhandene Bildmodule können Sie mit gedrückter Maustaste auf eine andere Position verschieben. Insgesamt dürfen Premium-Mitglieder 30 Bilder einfügen, davon jeweils drei nebeneinander und zehn untereinander. Basis-Mitglieder dürfen drei Bilddateien oder PDF-Dateien hinterlegen.

Texte hinzufügen

Über die Option TEXTFELD EINFÜGEN erstellen Sie Texte in Ihrem Portfolio. Wenn Sie auf das kleine I-Symbol klicken, erscheinen die Formatierungsoptionen für Ihren Text, z.B. *kursiv* oder **fett**.

Auch Textmodule können Sie mit gedrückter Maustaste nach oben oder unten auf eine gewünschte Position verschieben.

Premium-Mitglieder können hier beliebig viele Textmodule anlegen, Basis-Mitglieder nur ein Textmodul.

3 Anmelden und Starten

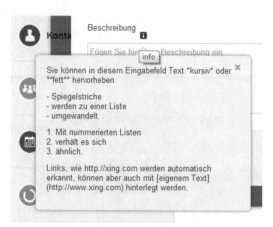

Über das i finden Sie die Optionen für die Textformatierung

PDF-Dokumente hochladen

Über die Option PDF HOCHLADEN laden Sie Dokumente in Ihr Profil. Vorhandene PDF-Module können Sie einfach mit gedrückter Maustaste auf eine andere Position verschieben.

Geschichten und Kacheleffekte

Das neue Portfolio eignet sich gut, um Ihren Besuchern Ihre Geschichte mit Texten, Bildern und Dokumenten zu erzählen.

Besonders spannend sind sogenannte Kacheleffekte, die Sie von Windows 8 her kennen könnten. Da Sie bis zu zehn Bildreihen untereinander positionieren können, bietet es sich an, ein Bild aus einzelnen Kacheln wie ein Mosaik zu bauen.

Hinweis

Beachten Sie, dass jedes Bild eine Mindestgröße von 190x190 Pixel benötigt.

Portfolio

Content für Social Media und Presse

Ich und mein Team produzieren nützlichen und unterhaltsamen Content und verbreiten diesen über Social Media und Presse. Sie kommen damit ins Gespräch in den verschiedenen Kanälen, man beachtet Sie und folgt Ihnen gerne. So bauen Sie Reichweite auf und haben langfristig mehr Erfolg.

Von der Erstellung einer Content-Strategie bis zur Planung, Umsetzung und Verbreitung über verschiedenste Kanäle bieten wir Ihnen alles - inklusive Monitoring und Erfolgskontrolle.

Ein Netzwerk aus kreativen Köpfen unterstützt meine Arbeit für Sie.

Mein Foto als Mosaik zeigt, was im Profil möglich ist.

Innerhalb der Kacheln können Sie auch ein Bild vergrößern, so dass es den Platz von zwei kleinen Bildern pro Reihe und Spalte einnimmt. Dafür sollte Ihr Bild 586 Pixel breit und hoch sein, damit es nicht unscharf wirkt.

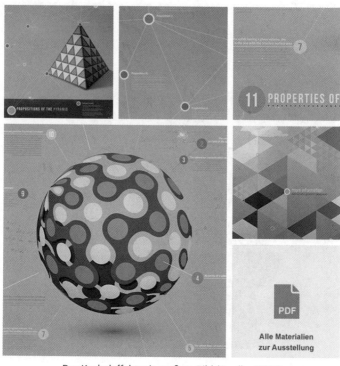

Der Kacheleffekt mit großem Bild (Quelle: XING)

Insgesamt sind Ihrer Fantasie mit dem neuen Portfolio wenig Grenzen gesetzt. Probieren Sie aus, experimentieren Sie und machen Sie für sich das Beste daraus.

XING bietet aktuell noch Muster-Portfolios für folgende Berufsgruppen an:

Angestellter: *https://profile.xing.com/de/profile/employee*
Freiberufler: *https://profile.xing.com/de/profile/freelancer*
Student: *https://profile.xing.com/de/profile/student*

> **Tipp**
>
> Sie können in den Einstellungen ⚙ festlegen, dass Ihr Portfolio ganz oben erscheinen soll. Klicken Sie dazu wieder in die Privatsphäre und aktivieren Sie den Punkt DAS PORTFOLIO ALS ERSTES ANZEIGEN.

3.5 Weitere Profile im Netz

Wenn Sie außer XING noch andere Profile im Internet besitzen, die beruflich relevant sind, können Sie einige davon an dieser Stelle einbinden.

Falls Sie mit Twitter arbeiten, können Sie Ihr XING-Profil mit Twitter verknüpfen und Ihre letzten fünf Tweets werden direkt und automatisch auf Ihr Profil gestreamt.

Sollten Sie zudem ein Weblog führen oder an einem solchen mitarbeiten, so können Sie via RSS-Feed die Inhalte ebenfalls einbinden. So präsentieren Sie Profilbesuchern die Inhalte Ihres Blogs oder auch Ihrer Webseite.

Als weitere beruflich genutzte Profile stehen beispielsweise Google+, Flickr, Facebook, Slideshare, Vimeo oder YouTube zur Verfügung. Eine vollständige Liste sehen Sie hier.

Diese Profile können Sie in Ihr XING-Profil einbinden.

> **Hinweis**
>
> Das Verknüpfen mit Ihren anderen Web- und Social-Media-Profilen gibt anderen Personen die Möglichkeit, sich an mehreren Stellen mit Ihnen zu vernetzen, Ihnen zu folgen und mit Ihnen in Kontakt zu treten. Sind Sie gut vernetzt, finden Sie viel mehr Kontakte.

3.6 Impressum

Das Thema Impressum ist für Privatpersonen nicht relevant. Für Profilinhaber, die Dienste im Sinne des § 5 Telemediengesetz geschäftsmäßig anbieten, besteht eine Impressumspflicht für Ihr XING-Profil. Das können beispielsweise XING-Mitglieder sein, die ihr Profil zu Marketing- oder Werbezwecken nutzen.

Seit Umstellung auf das neue Profil bietet XING rechts unten in der Ecke ein Impressum an, das Sie im Falle einer Pflicht genauso ausfüllen können wie ein Impressum auf der Webseite oder im Blog.

Da ich kein Jurist bin und auch keine juristische Beratung anbieten kann, empfehle ich jedem Mitglied, das nicht 100%ig sicher ist, ob es einer Impressumspflicht unterliegt, die Rücksprache mit einem Juristen.

# Kapitel 4

Die XING-Oberfläche kennen lernen

4.1	Die Startseite	40
4.2	Die fixe Seitennavigation	50

4 Die XING-Oberfläche kennen lernen

4.1 Die Startseite

Kommen wir nun zurück zur eigentlichen Startseite, also der Seite, die Sie begrüßt, wenn Sie sich eingeloggt haben. Auf den ersten Blick wird Sie diese Seite mit einer Fülle von Informationen erschlagen.

Ich möchte hier nicht auf alle Details eingehen, die dürfen Sie gerne selbständig erkunden. Vielmehr geht es mir um die Struktur und den Aufbau sowie den Nutzen einiger Bereiche und Funktionen.

4.1.1 Neuigkeiten

Die Begrüßungsseite zeigt Ihnen zunächst alle Neuigkeiten aus Ihrem Netzwerk. Dazu finden Sie in der Mitte einen Bereich, der Ihre und die Aktivitäten Ihrer XING-Kontakte darstellt. Alles, was Ihre Kontakte tun, ändern, veröffentlichen und was diese auch verbreiten wollen, erscheint dort. Wenn Sie ganz neu sind bei XING, ist dieser Bereich natürlich noch leer.

Darüber finden Sie auch Jobangebote, die zu Ihnen passen könnten. Auf das Thema Jobs & Karriere gehe ich u.a. im Kapitel 6 näher ein.

> **Hinweis**
>
> Sie können die Jobempfehlungen einzeln durch Klicken auf das X entfernen. Es rutschen immer neue Angebote nach. Sie können auf dem gleichen Weg auch die gesamte Box entfernen, was allerdings nicht mehr eigenständig rückgängig gemacht werden kann.

Beachten Sie bitte das Eingabefeld ganz oben. Dort können Sie wie bei Facebook und Twitter Ihre eigenen Mitteilungen und Links publizieren.

> **Tipp**
>
> Wenn Sie XING aktiv nutzen wollen, sollten Sie diesen Newsfeed (auch Timeline genannt, weil die Beiträge wie bei Facebook und Twitter umgekehrt chronologisch dargestellt werden) regelmäßig überfliegen. Hier finden Sie immer wieder Anhaltspunkte für eine eigene (Marketing-)Aktion.

So erfahren Sie hier, ob ein Kontakt ein neues Bild hochgeladen, den Arbeitgeber gewechselt oder sich zu einem Thema geäußert hat. Sie können dann reagieren, einen Kommentar hinterlassen, den Beitrag als »interessant« markieren und Links sogar in Ihren anderen Netzwerken bei Twitter und Facebook teilen.

Links auf der Seite befindet sich eine wichtige Navigation, auf die ich später noch eingehe. Die bleibt generell bei allen Aktivitäten auf XING fix an diesem Ort sichtbar.

Auf der rechten Seite finden Sie zusätzliche Services von XING für Ihre Arbeit.

Dort sehen Sie ganz oben die Besucher Ihres Profils. Hier erkennt man eine der wesentlichsten Einschränkungen für Basis-Mitglieder: Die Besucher werden nur mit Foto angezeigt, aber ohne Namen. Wenn man also nicht zufällig die Person auf dem Foto (er)kennt, weiß man zwar, dass jemand anderes das eigene Profil besucht hat, nicht aber, wer die Person ist. Ein Gegenbesuch ist also nicht möglich.

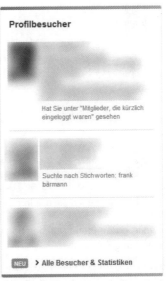

Vergleich der Ansicht »Profilbesucher« für Premium- und Basis-Mitglieder.

> **Tipp**
>
> Unter den Besuchern Ihres Profils folgen die GEBURTSTAGE Ihrer KONTAKTE, ARBEITGEBER, die Sie bewerten könnten, anstehende EVENTS, KONTAKTVORSCHLÄGE und einiges mehr.

Interessant ist beispielsweise die Funktion IHR NETZWERK. Dort zeigt Ihnen XING nicht nur Ihre direkten Kontakte, sondern auch die Kontakte 2. und 3. Grades. Über diese Funktion können Sie Ihr Netzwerk leicht ausbauen.

4.1.2 Das Postfach

Im Postfach finden Sie Ihre gesamte Korrespondenz: Ihr Posteingang, die gesendeten Nachrichten und die ungelesenen Nachrichten.

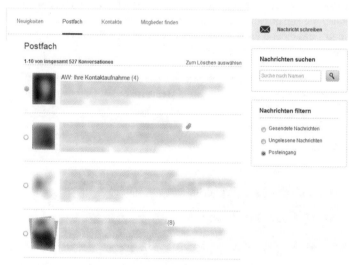

Im Postfach sehen Sie alle Ihre ein- und ausgehenden Nachrichten.

Der volle grüne Punkt vor der Nachricht zeigt Ihnen, dass die Nachricht neu und ungelesen ist.

Die Zahl in Klammern hinter der Überschrift lässt erkennen, dass es bereits frühere Nachrichten zu dem Thema gibt. Die Heftklammer zeigt, dass es einen Anhang gibt und die hintereinander liegenden Fotos (Beitrag ganz unten) zeigt, dass mehrere Personen an dem Gespräch beteiligt sind.

Die allermeisten Markierungen dürften Sie aus Ihrem E-Mail-Programm beispielsweise bei Microsoft Outlook kennen.

Nachricht schreiben

Wenn Sie Ihren Kontakten bei XING etwas mitteilen wollen, eine Frage haben oder Hilfe benötigen, können Sie einfach eine Nachricht schreiben. Hier im Postfach können Sie nur bestehenden Kontakten eine Nachricht zukommen lassen, ganz egal, ob Sie Basis- oder Premium-Mitglied sind. Zudem können Sie maximal drei weitere E-Mail-Adressen Ihrer Wahl angeben, denen Sie diese Nachricht senden wollen. Dazu trennen Sie mehrere E-Mail-Adressen jeweils mit einem Komma. Beachten Sie bitte, dass alle angegebenen E-Mail-Adressen bei Versand für alle Empfänger sichtbar sind.

Die Funktion, Dateien als Anhang beizufügen, ist wiederum den Premium-Mitgliedern vorbehalten.

Diese dürfen bis zu zehn Kontakte pro Nachricht hinzufügen. Es ist wichtig zu wissen, dass auch hier alle Kontakte sehen, an wen die Nachricht gesendet wurde. Viele XING-Mitglieder schätzen das Versenden von Sammel-Nachrichten gar nicht, weil sie gerne persönlich und individuell angesprochen werden wollen.

Als Premium-Mitglied haben Sie neben dem Versenden von Nachrichten aus dem Postfach auch die Möglichkeit, einzelnen XING-Mitgliedern eine Nachricht zu senden, und zwar Ihren bestehenden Kontakten gleichwie Nicht-Kontakten.

Besuchen Sie dazu einfach das Profil des XING-Mitgliedes und klicken Sie auf NACHRICHT SCHREIBEN.

Die XING-Oberfläche kennen lernen

Nur Premium-Mitglieder sehen das Fenster zum Schreiben einer Nachricht.

Einige Basis-Mitglieder nutzen aber einen Trick und senden den Mitgliedern, denen Sie eigentlich eine Nachricht senden wollen, eine Kontaktanfrage. Dann nämlich besteht die Möglichkeit, eine Nachricht hinzuzufügen. Tun Sie das bitte nur im Notfall, da eine Kontaktanfrage, die nur zum Transport einer Nachricht dient, als lästig gilt und daher nicht gern gesehen wird.

> **Wichtig**
>
> Bitte nutzen Sie die Nachrichten-Funktion nie für Werbung. Es ist bei XING verpönt, andere Kontakte ständig auf eigene tolle Produkte und Dienstleistungen aufmerksam zu machen. Die Belästigung anderer Mitglieder verstößt außerdem gegen die XING-Netiquette.
>
> Wenn Sie Sonderangebote oder aktuelle Aktionen zu bieten haben, gehören diese in die Statuszeile. Jedes Mitglied kann dann selbst entscheiden, ob es die Informationen ansehen möchte.

4.1.3 Kontakte

Im Bereich KONTAKTE befinden Sie sich sozusagen im »Schatzkästchen« Ihres XING-Kontos. Die Kontakte sind Ihre Währung beim Networking.

Ohne Kontakte werden Sie logischerweise keinen Erfolg haben bei XING. Deshalb empfehle ich Ihnen, die Kontakte sorgfältig auszuwählen und zu pflegen.

Details zum Auf- und Ausbau Ihres Kontaktenetzwerks erhalten Sie im Kapitel 5. An dieser Stelle erkläre ich Ihnen wieder nur die wichtigsten Funktionen.

Der Bereich ist in drei Unterbereiche aufgeteilt: KONTAKTE, KONTAKTANFRAGEN und GEMERKTE PERSONEN.

Ihre bestehenden Kontakte werden alphabetisch sortiert dargestellt, wobei Sie zwischen einer Listenansicht und einer Detailansicht auswählen können. In der Detailansicht sehen Sie Notizen (auch den Text der Kontaktanfrage) und Schlagworte zum jeweiligen Kontakt.

> **Tipp**
>
> Die Schlagwort-Funktion hilft Ihnen, Ihre Kontakte übersichtlich zu halten. Sie können jedem Kontakt entweder bereits bei der Kontaktanfrage oder später Schlagworte (Tags) vergeben, durch die Sie eine Kategorisierung der Kontakte vornehmen. Üblich sind z.B. Kategorien wie »persönlich bekannt«, »Firma«, »Kunde«, »Partner« oder »regional«. XING sammelt die Schlagworte (Kategorien) und erstellt daraus eine Schlagwortwolke (Tagwolke). Durch Klicken auf eine Kategorie sehen Sie nur Kontakte, denen Sie dieses Schlagwort zugeordnet haben. Bei Events können Sie z.B. nur bestimmten Kategorien eine Einladung senden.

Die MEHR-Funktion

Rechts oben neben jedem Kontakt befinden sich diese drei Symbole ✉ ✢ Mehr⌄, die Sie sich genauer ansehen sollten. Der Briefumschlag gibt Ihnen die Möglichkeit, diesem Kontakt eine Nachricht zu schreiben. Das zweite Symbol führt zur EMPFEHLEN-Funktion. Hiermit können Sie dieses Mitglied einem anderen Mitglied empfehlen. Darauf gehe ich später noch einmal ein.

Wichtig ist an dieser Stelle die MEHR-Funktion. Dahinter verstecken sich einige wichtige Funktionen.

Die XING-Oberfläche kennen lernen

Zunächst können Sie hier mit einem Klick die Korrespondenz mit diesem Kontakt aufrufen, ebenso seine letzten Aktivitäten.

Unter DATENFREIGABE BEARBEITEN haben Sie hier die Möglichkeit, individuell für diesen Kontakt zu entscheiden, was er über Sie erfahren darf.

Mit der Funktion VCARD HERUNTERLADEN können Sie die Kontaktdaten dieser Person als Datei auf Ihrer Festplatte speichern und z.B. in Outlook oder andere Kontaktverwaltungsprogrammen importieren. Letztendlich finden Sie hier auch die Option, mit wenigen Klicks diesen Kontakt aus Ihrem Netzwerk zu löschen.

Kontakte als vCard exportieren und der Outlook Connector

Wenn Sie Ihre gesamten Kontakte in ein anderes Kontaktverwaltungsprogramm importieren wollen, können Sie sich Ihre gesamten XING-Kontakte als vCard-Datei exportieren. Darüber hinaus bietet XING einen kostenlosen Outlook Connector, mit dem Sie Ihr XING-Netzwerk direkt in Outlook verfügbar haben. Die Kontakte werden dabei automatisch auf dem aktuellen Stand gehalten. Details hierzu finden Sie in Kapitel 10.

Gemerkte Personen

Sie haben eine interessante Person bei XING gefunden, wollen aber nicht direkt in Kontakt treten und sich verbinden? Dann sollten Sie sich diese Person merken und für später speichern.

Es könnte z.B. sein, dass Ihnen gerade kein Text für eine Kontaktanfrage einfällt, Sie also nicht recht wissen, wie Sie die Person ansprechen sollen. Oder Sie wollen diese Person nur »beobachten«.

Dazu gehen Sie in das Profil dieser Person und klicken rechts auf die Auswahl MEHR. Da finden Sie die Option MITGLIED MERKEN. Versehen Sie die Person gleich mit einer Notiz, damit Sie sich später erinnern, weshalb Sie sich die Person gemerkt haben.

> **Wichtig**
>
> Die Person bekommt nicht mit, dass Sie sie sich gemerkt haben.

Merken statt gleich Kontaktieren: So vergessen Sie interessante Personen nicht.

> **Hinweis**
>
> Auf Ihre Kontakte-Liste kommen Sie ebenfalls über Ihr eigenes Profil. Sie finden die Kontakte gleich unter dem Punkt WEITERE PROFILE IM NETZ.

4 Die XING-Oberfläche kennen lernen

4.1.4 Mitglieder finden

Um Ihr Netzwerk auszubauen, müssen Sie natürlich Mitglieder finden. Dafür gibt es zwei Möglichkeiten.

Die Suchmaske für Basis- und Premium-Mitglieder

Hinter dem letzten Punkt Ihrer Startseite finden Sie den Menüpunkt MIT-
GLIEDER FINDEN. Neuerdings gelangen Sie hierüber auf eine Seite, die Ihnen
XING-Mitglieder vorschlägt, die Ihrem Profil, zu Ihrer Berufstätigkeit, zu
Ihrem Arbeitsort, zu Ihren Interessen etc. passen könnten (MITGLIEDER, DIE
SIE KENNEN KÖNNTEN). Dabei werden nicht nur Informationen direkt aus
Ihrem Profil verwendet, sondern auch die Informationen Ihrer bestehen-
den Kontakte, also z.B. Kontakte Ihrer Kontakte (Kontakte 2. Grades).

Die eigentliche Suche finden Sie rechts oben in der Ecke Ihrer Seite. XING
bietet Ihnen eine einfache und eine erweiterte Suchmaske mit vielen Such-
filtern – je nachdem, ob Sie Basis- oder Premium-Mitglied sind.

Als Premium-Mitglied können Sie so beispielsweise Mitglieder suchen, die
in einem PLZ-Gebiet arbeiten, einer bestimmten Hochschule, Organisation
oder Branche angehören oder etwas ganz spezielles bieten.

Grundsätzlich kann man viele dieser Abfragen auch durch kombinierte
Suchbegriffe in dem einfachen Eingabefeld abbilden. Einiges ist aber am
Ende wirklich den »Premiums« vorbehalten. Zudem ist die Stichwortsuche
für Basis-Mitglieder auf 40 Zeichen begrenzt.

Details zu den Such-Optionen und Such-Strategien erfahren Sie in Kapitel 5.

Suchaufträge

Als Premium-Mitglied haben Sie die Möglichkeit, eine ausgeführte Suche
zu speichern und als Suchauftrag anzulegen. So können Sie die Suche
immer wieder wiederholen. XING informiert Sie außerdem, wenn neue
Ergebnisse für einen Suchauftrag vorhanden sind.

4.2 Die fixe Seitennavigation

Damit bei Ihrer Arbeit mit XING das wichtigste immer klickbereit ist, hat XING links auf der Seite eine fixierte Navigation eingeführt. Dort haben Sie die wichtigsten Funktionen und Bereiche immer im Blick.

4.2.1 Premium-Bereich

XING hat im Zuge der umfangreichen Umstellungen auch die Premium-Funktionen erweitert und einen sogenannten Premium-Bereich eingeführt. Letztendlich ist dieser Bereich eine optisch aufgewertete Seite mit Informationen und Statistiken zu Ihren Profilbesuchern.

Auf einer Übersichtsseite sehen Sie zunächst die letzten Besucher Ihres Profils mit Datum, darunter die Neuigkeiten Ihrer Kontakte, ausgesuchte Kontaktvorschläge sowie Informationen zum XING-Vorteilsprogramm.

In den weiteren Menüpunkten erhalten Sie dann Detailansichten und weitergehende Informationen. Es lohnt sich hier zu stöbern.

Wie Sie die Informationen der einzelnen Bereiche optimal bei Ihrer Arbeit mit XING nutzen, erfahren Sie in den folgenden Kapiteln.

4.2.2 Reaktionen auf Ihre Aktivitäten

Wenn Sie bei XING aktiv sind, sollte es irgendwann dazu führen, dass Ihre Kontakte ebenfalls eine Reaktion auf Ihre Aktivitäten zeigen. Im Bereich REAKTIONEN AUF IHRE AKTIVITÄTEN sehen Sie genau das. Im Grunde gibt es nur zwei Arten von Reaktionen: Ihre Kontakte finden einen Beitrag/Link interessant oder sie haben einen Kommentar hinterlassen. Beide Reaktionen sind gleichermaßen wichtig, weil sie Ihnen zeigen, wie ein Beitrag oder eine Linkempfehlung bei Ihren Kontakten ankommt. Sie können darauf hin Ihre eigenen Aktivitäten anpassen, weil Sie sehen, was gut ankommt und was nicht. Werfen Sie also einen regelmäßigen Blick in die Reaktionen.

4.2.3 Neue Nachrichten

Dieser Bereich ist ganz simpel Ihr Briefkasten. XING zeigt Ihnen, wenn neue Nachrichten eingetroffen sind und nur dann müssen Sie hier reinschauen. Selbstverständlich gelangen Sie über diesen Punkt auch in Ihr Postfach.

4.2.4 Neue Kontakte

Ein besonders wichtiger Punkt ist NEUE KONTAKTE. Hier finden Sie nicht nur neue Kontaktanfragen aufgelistet, sondern auch Ihre offenen Einladungen. Alle getätigten Einladungen, die noch nicht beantwortet wurden, sind hier vermerkt.

Um zu erfahren, wer Ihre Anfragen bereits bestätigt hat, klicken Sie auf den Reiter NEUESTE KONTAKTE.

Wie viele Kontakte das sind, wird auch durch eine Zahl am Icon in der XING-Leiste angezeigt. Wundern Sie sich also nicht, wenn Sie eine Zahl in der XING-Leiste sehen, obwohl keine Kontaktanfrage vorliegt. Daran erkennen Sie, dass ein angefragter Kontakt angenommen wurde.

Die Zahl verschwindet, wenn Sie den Bereich NEUESTE KONTAKTE anklicken und anschließend verlassen.

Wie Sie mit Kontaktanfragen umgehen, erfahren Sie im nächsten Kapitel.

4.2.5 Jobs & Karrieren

XING spielt Ihnen in diesem Bereich schlicht und einfach zu Ihrem Profil passende Jobangebote ein.

Wenn Ihnen die persönlichen Job-Empfehlungen nicht passen können Sie diese ausblenden: Klicken Sie dazu auf das X, das direkt bei der entsprechenden Empfehlung erscheint, wenn Sie den Mauszeiger dort hinbewegen. An der frei gewordenen Stelle erscheint dann eine neue Job-Empfehlung.

Mehr zu den Jobs und Job-Empfehlungen erfahren Sie in Kapitel 6.

4.2.6 Gruppen-Benachrichtigungen

Auf das Thema Gruppen gehe ich später genauer ein. An dieser Stelle sollten Sie nur mitnehmen, dass die Benachrichtigungen aus Gruppen, in denen Sie Mitglied sind, hier landen. Da dort sowohl die letzten Beiträge in den einzelnen Gruppen als auch die Gruppennewsletter angezeigt werden, laufen dort schnell mehrere Hundert Nachrichten ein.

4.2.7 Event-Benachrichtigungen

Auch die Event-Benachrichtigungen sollen Sie eigentlich auf dem Laufenden halten. Leider wird diese Art der Benachrichtigung schnell lästig, wenn Sie sehr aktiv sind bei XING. Das liegt daran, dass Sie in den Grundeinstellungen für jedes Mitglied und jede Gruppe zulassen, dass man Ihnen Einladungen sendet.

Idealerweise gehen Sie von Anfang an selektiv vor.

Bei Gruppen können Sie seit Einführung der neuen Gruppen nur direkt die gesamten E-Mail-Benachrichtigungen einer Gruppe abbestellen. Wie das geht, lesen bitte später in Abschnitt 4.2.9 bei den Kontoeinstellungen.

Wenn Sie von Mitgliedern keine Event-Einladungen mehr erhalten wollen, können Sie dies auf zwei Arten einstellen.

Sie besuchen die Detailseite eines Events, zu dem Sie eingeladen wurden, und klicken auf den Link BENACHRICHTIGUNG UNERWÜNSCHT? oberhalb des Benachrichtigungstextes. Sie können dann zukünftige Event-Benachrichtigungen dieser Person blockieren und ggf. die Benachrichtigung selbst als Spam melden.

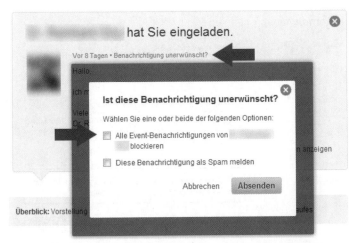

So blockieren Sie zukünftige Einladungen von anderen Personen

Alternativ haben Sie natürlich die Möglichkeit, die Benachrichtigungen von einzelnen Kontakten an Sie ganz abzustellen. Das erledigen Sie im jeweiligen Profil unter DATENFREIGABE BEARBEITEN (vgl. die MEHR-Funktion unter Abschnitt 4.1.3)

4.2.8 Unternehmen

Hinter dem Punkt UNTERNEHMEN verbergen sich Ihre bestehenden Unternehmensprofile und die, die es mal werden könnten. XING zeigt Ihnen nämlich automatisch eine Liste aller Unternehmen an, für die Sie laut Ihrer Berufserfahrung aktuell tätig sind. Dabei ist es zunächst egal, ob Sie dort als Mitarbeiter oder Geschäftsführer/Inhaber eingetragen sind. Sie könnten theoretisch für diese Unternehmen ein Unternehmensprofil erstellen.

Die XING-Oberfläche kennen lernen

Da durch diese Vorgehensweise aber auch jeder Mitarbeiter eines Unternehmens für seinen Arbeitgeber ein Unternehmensprofil erstellen könnte, sichert sich XING durch eine explizite Bestätigung ab. Der Antragsteller bestätigt bei der Erstellung, dass er zur Buchung des Unternehmensprofils berechtigt ist.

Unternehmensprofil anlegen

Gewähltes Produkt	Unternehmensprofil BASIS
Preis	Kostenlos
Unternehmen (Name des Profils)	conpublica - Die Content-Kommunikationsagentur ▾ Sie können den Namen Ihres Unternehmens in Ihrem Profil ändern. Als Freiberufler können Sie anstelle eines Unternehmens Ihren eigenen Namen eintragen.
AGB	☑ Ich bin zur Buchung des Unternehmensprofils berechtigt und akzeptiere die AGB für XING Unternehmensprofile.

Abbrechen **Bestellen**

Der Antragsteller bestätigt, dass er das Profil erstellen darf. XING ist damit aus der Verantwortung.

Sicher könnte man diesen Prozess eleganter lösen, indem man nur Personen, die die Beschäftigungsart »Inhaber, Gesellschafter, Vorstandsmitglied« bzw. die Karrierestufe »Manager, Direktor oder Geschäftsführer« besitzen, ein Unternehmensprofil anlegen lässt.

Neben den möglichen und existierenden Unternehmensprofilen finden Sie in der Rubrik ABONNEMENTS diejenigen Unternehmen, deren Neuigkeiten Sie abonniert haben. Unter UNTERNEHMENS-NEUIGKEITEN können Sie dann deren letzte Beiträge lesen.

Das Thema »Unternehmensprofile« wird in Kapitel 9 noch näher beleuchtet.

4.2.9 Einstellungen, Rechnungen & Konten

Unter EINSTELLUNGEN, RECHNUNGEN & KONTEN finden Sie alle Einstellungen zum Profil, zu Ihren Zugangsdaten, zur Privatsphäre sowie zu Ihren Rechnungen.

> **Tipp**
>
> Im Bereich PERSÖNLICHE DATEN können Sie Ihren ggf. vorhandenen »Akademischen Grad« und »Akademischen Abschluss« eintragen.

In den Privatsphäre-Einstellungen bestimmen Sie, ob und welche Personen Zugriff auf welche Ihrer Daten haben. Selbstverständlich können Sie diese Einstellungen jederzeit einsehen und ändern.

> **Hinweis**
>
> Scrollen Sie in den Privatsphäre-Einstellungen ganz nach unten. Dort finden Sie den Bereich EXTERNE APPLIKATIONEN. Da sind alle Applikationen verzeichnet, denen Sie Zugriff auf Ihr Konto gegeben haben. Dazu gehören u.a. mobile Anwendungen für Tablet-PC und Smartphones. Wenn Sie ZUGRIFF ENTZIEHEN anklicken, kann kein Zugriff mehr auf Ihre Daten erfolgen.

Im Feld BENACHRICHTIGUNGEN bestimmen Sie, welche Benachrichtigung XING Ihnen per E-Mail senden darf, ob Sie den XING-Newsletter und E-Mail-Tipps sowie Branchennewsletter erhalten wollen.

Mit der Einführung der neuen Gruppen ist das Feld E-MAIL-BENACHRICHTIGUNGEN VON GRUPPEN hinzugekommen. Hier legen Sie fest, von welchen Gruppen, in denen Sie Mitglied sind, Sie Nachrichten erhalten wollen.

Dabei unterscheidet XING zwischen neuen Beiträgen und Moderator-Infos. Während Sie bei der ersten Option über **alle** neuen Beiträge informiert werden (früher Newsabonnement per RSS), werden Sie bei der zweiten Option nur über die sogenannten Moderator-Infos informiert, das sind Nachrichten der Gruppen-Moderatoren. Diese Option sollten Sie für alle Gruppen angeschaltet lassen.

Bedenken Sie aber bitte, dass Sie bei Aktivierung der Option NEUE BEITRÄGE **alle** neuen Beiträge aus diesen Gruppen als E-Mail-Nachricht erhalten. Dazu zählen nicht die Kommentare und Antworten.

E-Mail-Benachrichtigungen von Gruppen		
Von diesen Gruppen werden Sie per E-Mail über interessante Neuigkeiten informiert.		
	Neue Beiträge	Moderator-Info
Social Web WORLD	☐	☑
Netzwerken/Networking im Selfkant	☑	☑
Social Media Relations	☐	☑
Business Weblogs	☐	☑
BVMW - Die Stimme des Mittelstands	☐	☑
Städteregion Aachen Rhein Ruhr	☐	☑
Freiberufler Projektmarkt / freelance projects exchange	☐	☑
XING Community	☑	☑

Hinter dem zweiten Reiter RECHNUNGEN & KONTEN verbergen sich Ihre Rechnungen und Ihre Zahlungsdaten, falls Sie Premium-Mitglied sind.

In diesem Bereich werden auch die Zahlungsdaten und Rechnungen für geschaltete Stellenanzeigen (XING Jobs-Konto) und Werbeanzeigen (Ad Creator) hinterlegt.

4.2.10 Beta Labs

XING Beta Labs ist eine Testplattform für neue Funktionen auf XING. Diese sind noch nicht bereit für die große Masse, hier aber schon zum Testen bereit. Diese Funktionen können kleinere Fehler enthalten, sich verändern oder abgeschaltet werden.

Wenn Sie XING helfen möchten, die neuen Funktionen noch weiter zu verbessern, hinterlassen Sie unseren Entwicklern Ihr persönliches Feedback.

Die XING Beta Labs stehen allen Mitgliedern zur Verfügung.

Kapitel 5
Das Netzwerk aufbauen und pflegen

5.1	Vorüberlegungen zum Kontaktaufbau.	58
5.2	Kontakte finden	60
5.3	Kontaktanfragen.	71
5.4	Hausputz im eigenen Netzwerk	82
5.5	XING aktiv nutzen.	92

5 Das Netzwerk aufbauen und pflegen

Wenn Sie Ihr Profil und Ihr Portfolio optimal eingerichtet haben, können Sie XING produktiv nutzen, netzwerken, Kontakte auf- und ausbauen und Geschäfte machen. Im Folgenden erhalten Sie einige Tipps, wie Sie aktiv Kontakte finden und Ihr Netzwerk professionell aufbauen.

5.1 Vorüberlegungen zum Kontaktaufbau

Bevor Sie loslegen, ohne Strategie nach neuen Kontakten zu suchen und wild um sich zu netzwerken, sollten Sie ein paar Vorüberlegungen anstellen.

5.1.1 Die richtige Netzwerk-Strategie

Bei XING möchte jedes Mitglied für sich nützliche Kontakte finden und ins eigene Netzwerk aufnehmen. Das bedeutet, dass Sie nicht nur selbst Kontakte suchen, sondern auch von anderen gefunden werden.

Beim aktiven Netzwerkaufbau können Sie entweder bereits aus dem privaten oder beruflichen Umfeld bekannte Personen suchen und kontaktieren oder gänzlich unbekannte. Natürlich sind beide Wege erlaubt und sollten sich ergänzen.

Allgemein sollten Sie eine Entscheidung treffen, wie Sie zukünftig Ihr Netzwerk ausbauen und führen. Hier steht Quantität gegen Qualität (oder Masse gegen Klasse).

Quantität meint in diesem Zusammenhang eine möglichst hohe Anzahl von Kontakten. Dies führt zu einer sehr hohen Reichweite für Ihre Statusinformationen. Wenn Sie z.B. ein Kaufangebot als Statusnachricht veröffentlichen und dieses Angebot an 25.000 Menschen ausgeliefert wird, kann das schon für die Person geschäftlich attraktiv sein

Allerdings geht diese Vorgehensweise auf Kosten der Qualität. Denn ab einer bestimmten Menge von Kontakten werden Sie nicht mehr in der Lage sein, alle Kontakte zu pflegen und deren Mitteilungen zu lesen. Zudem werden sich viele Kontakte in Ihr Netzwerk schleichen, mit denen Sie nie und nimmer Geschäfte machen werden.

Vorüberlegungen zum Kontaktaufbau 5.1

Anders herum verhält es sich bei der Entscheidung für Qualität: Mit wenigen, genau ausgewählten Kontakten machen Sie aktives Networking, können sich im tatsächlichen Leben treffen und gehen vielleicht Geschäftsbeziehungen ein. Zudem entsteht nur so ein Vertrauensverhältnis, falls Sie einen Kontakt jemand anderem empfehlen wollen.

Sie werden an dieser Stelle sicher sagen, dass die Entscheidung für Qualität hier richtig ist. Doch das sehen genügend XING-Mitglieder anders. Es gibt Mitglieder, die weit über 10.000 Kontakte haben. Solche Menschen sind oft sogenannte »Kontaktsammler«. Leider wird bei XING seit einiger Zeit bei mehr als 999 Kontakten nicht mehr die genaue Zahl der Kontakte angezeigt, sondern nur noch »999+ Kontakte«. Das kann natürlich bedeuten, dass die Person genau 1002 Kontakte hat und sicher kein Kontaktsammler ist. Von daher sind echte Kontaktsammler nicht mehr von einfach nur beliebten XING-Mitgliedern zu unterscheiden.

Wie dem auch sei, entscheiden Sie für sich selbst, ob Sie eher viele Kontakte mit Reichweite haben möchten, die Sie irgendwann nicht mehr pflegen können, oder eher wenige, nach nur von Ihnen festgelegten Kriterien ausgesuchte Kontakte.

Denn je nachdem, für welche Strategie Sie sich entscheiden, wird auch Ihre Vorgehensweise bei der Suche nach Kontakten und bei der Auswahl von Kontaktanfragen unterschiedlich sein.

Bei der Entscheidung für Quantität (Masse) sollten Sie jedes Mitglied in Ihr Netzwerk einladen, das irgendwie thematisch, beruflich und/oder regional zu Ihnen passt. Zudem sollten Sie jede Kontaktanfrage annehmen.

Sollten Sie sich für die Qualität (Klasse) entscheiden, dann legen Sie bitte einmalig und am besten schriftlich fest, wen Sie in Ihrem Netzwerk haben wollen bzw. welche Kontaktanfragen Sie annehmen und welche Sie ablehnen.

- Kriterien für eine Aufnahme in Ihr Netzwerk könnten sein:
- Ist die Person persönlich bekannt mit Ihnen?
    Kennen Sie die Person privat, von einer Veranstaltung, von einem Telefonat, von einem Webinar etc.?

- Könnte die Person für Sie geschäftlich interessant sein?

  Wir befinden uns hier in einem Business-Netzwerk, da muss man sich nicht schämen, wenn man nur andere Mitglieder ins Netzwerk aufnimmt, von denen man sich einen geschäftlichen Nutzen verspricht.

- Gibt es einen anderen Grund für eine Verbindung, z.B. Kollegen oder ehemalige Kollegen, Kunden, Partner, Lieferanten?

Wie ich bereits sagte, dürfen Sie gerne Ihre persönlichen Kriterien festlegen, niederschreiben und auch standhaft befolgen.

> **Hinweis**
>
> Basis-Mitglieder haben nicht die Möglichkeit, einem anderen Mitglied einfach eine Nachricht zu senden. Wie ich im Abschnitt 4.1.2, »Das Postfach«, bereits erklärt habe, nutzen einige Basis-Mitglieder die Kontaktanfrage-Funktion zum Nachrichten versenden. Wundern Sie sich also nicht, wenn Sie solche Anfragen erhalten, die wie eine Nachricht formuliert sind und nicht wie eine Kontaktanfrage. In der Regel wollen diese Mitglieder zunächst keine Vernetzung, sondern eine Antwort. Die können Sie getrost geben, denn dieser Trick ist zwar nervig für den Empfänger, aber die einzige Chance für das Basis-Mitglied, mit anderen in Kontakt zu treten.

5.2 Kontakte finden

Ich nehme jetzt einfach an, dass Sie lieber ein qualitativ hochwertiges Netzwerk aufbauen wollen, statt nur Massenkontakte aufzubauen. Deshalb folgen auch die Tipps dieser Strategie.

Wenn Sie einen solchen Ratgeber wie diesen lesen, ist eher wahrscheinlich, dass Sie entweder frisch bei XING eingestiegen sind oder zu der Gruppe von Mitgliedern gehören, die sich irgendwann ein Konto zugelegt, sich mit einigen Bekannten vernetzt und dann keine Zeit mehr investiert haben.

In beiden Fällen dürfte die Zahl Ihrer Kontakte eher gering sein. Und mit einer geringen Zahl von Kontakten kann man nun mal nicht vernünftig netzwerken.

Selbstverständlich dürfen Sie auch weiterlesen, wenn Sie bereits eine größere Zahl an Kontakten vorweisen können und das eigene Netzwerk aktiv pflegen.

5.2.1 XING-Suchfunktion

Der einfachste Weg, andere Mitglieder zu finden, die zu Ihnen und Ihrer Berufs- oder Geschäftstätigkeit passen, ist die XING-Suchfunktion.

In Abschnitt 4.1.4 bin ich bereits kurz auf die – zumindest für Premium-Mitglieder – komfortable Suchfunktion eingegangen. Diese möchte ich nun vertiefen.

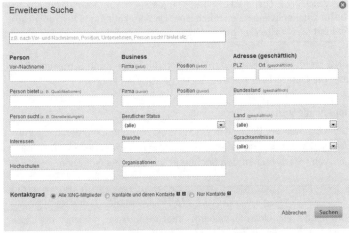

Die Suchmaske der Premium-Mitglieder

Um Ihr Netzwerk sinnvoll zu erweitern, sollten Sie zunächst nach Personen suchen, deren Namen oder/und deren (früheren) Arbeitgeber/Unternehmen Sie kennen. So finden Sie Menschen, die Sie aus dem realen Leben kennen, z.B. (ehemalige) Kollegen, Geschäftspartner, Kunden, Lieferanten oder Menschen aus Ihrem Arbeitsort. Interessant ist zudem die zusätzliche Option HOCHSCHULE, um ehemalige Kommilitonen zu finden.

5 Das Netzwerk aufbauen und pflegen

Über das Feld ORGANISATIONEN finden Sie XING-Mitglieder, die in der gleichen Organisation wie Sie aktiv sind. Hierzu zählen Berufsverbände und Vereine.

Falls die Suchergebnisse mit der einfachen Suche nicht zum gewünschten Ergebnis führen, können Sie durch Kombinationen von Suchkriterien die Suche verfeinern.

Beispiel

Sie wissen, dass der Einkäufer Ihres Kunden Heinz Meier heißt. Suchen Sie im Feld VOR-/NACHNAME nach »Heinz Meier«, so erhalten Sie 130 Suchergebnisse. Da Ihr Kunde seinen Firmensitz in Kornwestheim hat, geben Sie zusätzlich in die Suchmaske im Feld ORT (GESCHÄFTLICH) »Kornwestheim« ein. Beide Kriterien werden nun durch eine »UND-Verknüpfung« zusammen ausgeführt und dürften zur gewünschten Person führen.

XING bietet eine Auswahl an Such-Verknüpfungen und Syntaxen, die Sie über die Option TIPPS FÜR IHRE SUCHE ⓘ auflisten können.

Tipps für die Suche

Wenn Sie mehrere Begriffe in ein Suchfeld eintragen, werden diese immer als »UND-Verknüpfung« ausgeführt. Eine »entweder oder«-Suche erhalten Sie, wenn Sie zwischen den Suchbegriffen ein »OR« eingeben.

Tipp

Um mindestens einen Suchbegriff unter mehreren zu finden, trennen Sie Suchbegriffe in einem Feld dazu jeweils mit »OR«.

Beispiel

Sie suchen nach Heinz Meier, der in Düsseldorf oder Duisburg arbeiten könnte. Dann können Sie nur den Namen eingeben und erhalten alle Heinz Meier bei XING, Sie können nacheinander »Heinz Meier« und »Düsseldorf« bzw. »Heinz Meier« und »Duisburg« eingeben oder Sie vereinfachensich die Arbeit und geben Heinz Meier und im Feld ORT (GESCHÄFTLICH) »Düsseldorf OR Duisburg« ein.

Kontakte finden 5.2

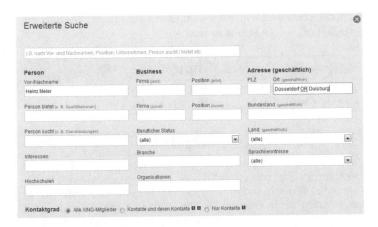

Diese OR-Verknüpfung ist auch dann sinnvoll, wenn Sie nicht genau wissen, wie die gesuchte Person geschrieben wird oder z.B. den Namen der Organisation eingetragen hat.

Beispiel

Die Person ist im BVMW aktiv. Dann könnte sie unter ORGANISATIONEN »BVMW« oder »Bundesverband mittelständische Wirtschaft, Unternehmerverband Deutschlands e.V.« eingetragen sein. Verknüpfen Sie einfach beide Schreibweisen durch »OR«.

Hier wird der nächste Tipp deutlich. Um genau nach »Bundesverband mittelständische Wirtschaft, Unternehmerverband Deutschlands e.V.« suchen zu können, müssen Sie die zusammengesetzte Wortgruppe in Anführungszeichen setzen.

Tipp

Um eine Wortgruppe zu finden, setzen Sie die Wortgruppe in Anführungszeichen.

Eine weitere hilfreiche Funktion bei der unscharfen Suche ist die Nutzung von Wildcards, wenn man nur den Namensanfang oder den Beginn einer

PLZ sucht. Dazu setzt man ein »*« am Ende eines Wortes, Wortteils oder einer Zahl z.B. bei der Postleitzahlsuche.

> **Tipp**
>
> Um Wörter oder Zahlen mit gleichen Wortanfängen zu finden, setzen Sie am Ende eines Wortanfangs ein oder mehrere »*«.

> **Beispiel**
>
> Sie suchen nach Kontakten in Ihrer Region, dann setzen Sie im Feld PLZ an der fünften, vierten oder dritten Stelle ein »*«, je nachdem, wie weit Sie den Suchradius definieren wollen. Wenn Sie nur die Postleitzahl-Suche ausführen, erhalten Sie als Ergebnis alle XING-Mitglieder, die in diesem Gebiet arbeiten. Durch Hinzunahme der Branche finden Sie Mitglieder, die zu Ihnen passen und die Sie kennen könnten.

Wenn Sie bestimmte Wörter ausschließen wollen, können Sie vor diesen Begriff ein »-« setzen. Das Wort kommt in dem Suchergebnis nicht mehr vor.

> **Tipp**
>
> Um Wörter auszuschließen, setzen Sie ein »-« vor das Wort, das in dem Suchergebnis nicht vorkommen soll.

Diese Suchoption macht zu Beginn weniger Sinn, es sei denn, Sie wollen bestimmte Namen und Firmennamen ausschließen. Später, wenn Sie die Felder PERSON SUCHT und PERSON BIETET aktiv nutzen, wird diese Suchsyntax sehr wichtig.

Suchaufträge

XING bietet Premium-Mitgliedern die Option, eine einmal ausgeführte Suche als Suchauftrag anzulegen. Ein Suchauftrag ist sozusagen eine Überwachung der XING-Mitglieder. Sobald sich neue Mitglieder registrieren, die zu Ihren Suchkriterien passen, erhalten Sie eine entsprechende Benachrichtigung per E-Mail.

Kontakte finden | 5.2

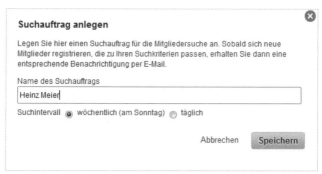

Der Suchauftrag überwacht für Sie die XING-Mitglieder und meldet neue Suchtreffer

Hinweis

Bitte bedenken Sie, dass diese umfangreiche Suchmaske nur den Premium-Mitgliedern angeboten wird. Basis-Mitglieder erhalten lediglich die einfache Suchmaske, können aber durch die oben beschriebenen Such-Syntaxen durchaus auch Kriterien miteinander kombinieren. Bei der Suche wird zum ersten Mal die Bedeutung der Premium-Mitgliedschaft deutlich.

5.2.2 Mitglieder einladen

Sollten Sie eine Person bei XING nicht gefunden und Sie alle Such- und Schreibvarianten ausprobiert haben, ist es sehr wahrscheinlich, dass diese Person nicht bei XING registriert ist. Sie haben nun grundsätzlich die Möglichkeit, die Person zu XING einzuladen.

Sie finden die Option, in dem Sie auf STARTSEITE und dann auf ANDERE ZU XING EINLADEN klicken. Es werden Ihnen eine Reihe von Optionen angeboten.

Der direkte Link zu dieser Funktion lautet
https://www.xing.com/app/invite .

Sie finden hier folgende Optionen:

1. Kontakte aus Gmail, GMX, Web.de usw. einladen
2. Einzelne Personen per E-Mail einladen
3. Kontakte aus Adressbüchern auf Ihrem PC einladen

Zudem finden Sie hier Einladungslinks für Ihre Webseite und Ihre E-Mail-Signatur.

Inwieweit Sie XING einen Zugriff auf Ihre privaten E-Mail-Konten und Adressbücher auf Ihrem PC geben, bleibt Ihnen überlassen.

XING verspricht, dass keine automatischen Einladungen versendet werden, sondern Sie alleine entscheiden, wer eingeladen werden soll. Da ich diese Funktionen selbst noch nicht angewendet habe, kann ich dieses Versprechen weder bestätigen noch widerlegen.

Ich selbst empfehle Ihnen, nur die Option, EINZELNE PERSONEN PER E-MAIL EINLADEN, zu nutzen.

> **Vorsicht**
>
> Bedenken Sie bitte, dass die meisten Personen, die nicht bei XING Mitglied sind, dafür einen guten Grund haben. Wenn Sie also einfach so Bekannte, Freunde, Kollegen oder Kunden einladen, könnten Sie sich Ärger einhandeln. Fragen Sie bitte vorher die betreffende Person, ob Sie eingeladen werden möchte. Eine Einladung lohnt sich nämlich für beide.

> **Hinweis**
>
> XING belohnt sowohl den Einladenden als auch das neue Mitglied. XING-Mitglieder, die andere einladen, erhalten für jede siebte angenommene Einladung einen Premium-Monat gratis. Neue Mitglieder, die über eine Einladung zu XING gekommen sind, erhalten ebenfalls einen Gratis-Monat als Premium-Mitglied und können alle Funktionen in vollem Umfang nutzen.

5.2.3 Kontaktvorschläge

Neben der aktiven Suche nach neuen Kontakten bietet XING auch eine Funktion, die Ihnen andere Mitglieder auf Basis Ihres Profils, Ihres Netzwerks und der Firmen vorschlägt, die Sie mit hoher Wahrscheinlichkeit kennen. Über den Menüpunkt STARTSEITE und MITGLIEDER FINDEN finden Sie die Vorschläge unter dem Oberbegriff MITGLIEDER, DIE SIE KENNEN KÖNNTEN.

XING analysiert dazu derzeitige und ehemalige Arbeitskollegen, Mitglieder, welche die gleiche Hochschule besuchten wie Sie und solche, die besonders viele Ihrer Kontakte kennen. Die Kombination und permanente Verfeinerung dieser Analysemechanismen sorgt für eine höhere Wahrscheinlichkeit, dass Sie die entsprechenden Mitglieder tatsächlich kennen.

> **Wichtig**
>
> Nutzen Sie bitte nie die Schaltfläche HINZUFÜGEN, sondern klicken Sie immer auf den Pfeil, um dem anderen Mitglied eine Kontaktanfrage mit Nachricht zu senden. Wenn Sie auf HINZUFÜGEN klicken, wird sofort und automatisch eine Kontaktfrage mit einer Standardnachricht versendet. Sie haben keine Chance mehr, dem Mitglied zu erklären, warum Sie mit ihm in Kontakt treten wollen. Die Kontaktfrage mit einer Standardnachricht verärgert immer mehr XING-Mitglieder. Die Wahrscheinlichkeit, dass Ihre Anfrage abgelehnt wird oder unbeantwortet bleibt, ist sehr hoch.

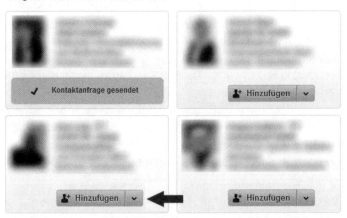

Bitte nutzen Sie nur die Option »Mit persönlicher Nachricht« für Ihre Kontaktanfrage.

Wie Sie eine Kontaktanfrage richtig formulieren, erfahren Sie in Abschnitt 5.3. Für Fortgeschrittene gibt es noch weitere Recherchemöglichkeiten, die zu neuen und sinnvollen Kontakten führen können.

5.2.4 Kontakte 2. Grades

Die Chance, dass Ihre bestehenden Kontakte wiederum Personen in Ihrem Netzwerk haben, die Sie auch kennen könnten, ist sehr hoch. Deshalb sucht auch XING selbst bei den Kontaktvorschlägen in den Kontakten Ihrer Kontakte. Diese nennt man Kontakte 2. Grades. Diese Suche können Sie aber auch manuell durchführen.

Nehmen Sie sich ein wenig Zeit und durchstöbern Sie einfach systematisch die Kontakte Ihrer Kontakte. Sie werden staunen, wen Sie dort alles kennen.

5.2.5 Mitglieder entdecken (Powersuche)

XING macht Ihnen die professionelle Recherche nach passenden und damit nützlichen neuen Kontakten einfach. Was bis vor einiger Zeit als »Powersuche« bezeichnet wurde, wird heute unter den Begriff MITGLIEDER ENTDECKEN geführt. Zu finden ist die Funktion im neuen Premiumbereich.

Premium-Mitglieder gelangen dorthin über das Logo »Premium« in der Seitennavigation unterhalb des Fotos.

Basis-Mitglieder finden rechts oben einen Hinweis zu dem Bereich. Zudem bietet XING in der rechten Navigation z.B. im Bereich der Mitgliedersuche einzelne Links dorthin an.

Die meisten der nun vorgestellten Recherche-Funktionen sind allerdings den Premium-Mitgliedern vorbehalten, nur wenige sind für Basis-Mitglieder nutzbar (z.B. Mitglieder, die Sie kennen könnten).

Alternativ gelangen Sie zu dem Bereich MITGLIEDER ENTDECKEN über die Webadresse

https://www.xing.com/premium/networks/member_similar_profile

Grundsätzlich können Sie zwischen Mitglieder NACH GEMEINSAMKEITEN und NACH AUSWAHLKRITERIEN recherchieren.

Wie der Name schon sagt, finden Sie im ersten Bereich Mitglieder, die gewisse Gemeinsamkeiten mit Ihrem Profil, Ihren Interessen, Ihrer Branche oder Ihren Kontakten haben. Im zweiten Bereich können Sie nach fertigen Kriterien suchen.

Hier finden Basis-Mitglieder den neuen Premium-Bereich

Mitglieder nach Gemeinsamkeiten finden

Konkret finden Sie dort folgende Optionen, die im Grunde alle selbsterklärend sind.

- Ähnliche Profile
- Kontakte
- Branchen
- Organisationen
- Interessen
- Derzeitiger Arbeitgeber
- Ehemalige Arbeitgeber

5 Das Netzwerk aufbauen und pflegen

Beim Klick auf den Punkt ÄHNLICHE PROFILE bekommen Sie eine Auswahl anderer XING-Mitglieder mit ähnlichen Profilen wie Ihres. Hierzu analysiert XING Ihr Profil und zugleich das Profil vieler anderer Mitglieder.

Die Suche nach Mitgliedern mit vielen gemeinsamen Kontakten ist in der Regel sehr effektiv

Wem dieses Kriterium zu allgemein ist, der kann konkreter nach Mitgliedern in den gleichen Organisationen oder Branchen, mit den gleichen Interessen sowie nach Kollegen oder Ex-Kollegen suchen.

Besonders interessant ist das Suchkriterium KONTAKTE. Hier zeigt Ihnen XING Mitglieder mit gemeinsamen Kontakten, und zwar absteigen nach Zahl der gemeinsamen Kontakte sortiert. Die Idee ist meines Erachtens genial, denn die Chance ist sehr hoch, dass ein Mitglied, das viele Ihrer Kontakte auch in seinem Netzwerk hat, gut zu Ihrem Profil passen könnte.

Beachten Sie bitte, dass viele Mitglieder ihre Kontakte für Nicht-Kontakte nicht freigeschaltet haben und Sie deren Kontakte in dieser Liste nicht sehen können.

Mitglieder nach Auswahlkriterien finden

Bei der Recherche nach Auswahlkriterien finden Sie folgende Optionen.

- Suchen, was Sie bieten
- Wurden von Ihnen besucht
- Könnten Sie kennen
- Waren kürzlich eingeloggt
- Sind neu bei XING

Auch die Kriterien sind im Grunde selbsterklärend, weshalb ich auf eine detaillierte Beschreibung verzichte.

Mit all diesen Recherchemöglichkeiten sind Sie zumindest als Premium-Mitglied in der Lage, schnell die für Sie passenden und nützlichen Mitglieder in XING zu finden und zu kontaktieren.

Die Frage ist, ob Sie fremde Mitglieder einfach kontaktieren dürfen. Auf diese Frage und weitere Themen rund um die Kontaktanfrage gehe ich im Folgenden ein.

5.3 Kontaktanfragen

Bei XING unterscheide ich zwischen der aktiven und der reaktiven Kontaktaufnahme. Stellen Sie die Kontaktanfrage oder erhalten Sie eine Kontaktanfrage?

5.3.1 Kontaktanfragen stellen

Wenn Sie ein anderes XING-Mitglied gefunden haben und es Ihrer Kontaktaufbau-Strategie entspricht, sollten Sie eine Kontaktanfrage stellen. Egal, ob Sie Basis- oder Premium-Mitglied sind, Sie können und dürfen **jedem** anderen XING-Mitglied eine Kontaktanfrage senden.

Besuchen Sie dazu bitte das Profil der Person und klicken Sie auf ALS KONTAKT HINZUFÜGEN.

Bitte formulieren Sie immer einen individuellen Text mit der Kontaktanfrage

Hinweis

Die Kontaktaufnahme mit unbekannten Personen erfordert Feingefühl. Überlegen Sie sich genau, wie Sie die fremde Person ansprechen, formulieren Sie einen individuellen Text und begründen Sie Ihre Kontaktanfrage. Denn genauso, wie Sie eine Kontaktanfrage-Strategie haben und auf Anfragen mit Standardtext oder Phrasen abweisend reagieren, so könnte das Ihr Gegenüber auch tun.

Schlechte Kontaktanfragen, gute Kontaktanfragen

Die schlimmsten Kontaktanfragen sind natürlich die ohne Begleittext. Bitte machen Sie sowas nie!

Gleich danach reiht sich die Kontaktanfrage mit Standardnachricht ein: *Guten Tag! Bitte treten Sie meinem Netzwerk bei XING bei.*

Manchmal passiert es ungewollt, dass man über die mobile App von XING oder die Kontaktvorschläge (vgl. Abschnitt 5.2.3) eine Anfrage zu schnell abgesendet hat, die dann nur den Standardtext enthält. Als Premium-Mitglied haben Sie dann die Chance, eine Nachricht an das Mitglied hinterher zu senden, sich zu entschuldigen und den Grund für die Anfrage nachzusenden.

Eine gute Kontaktanfrage enthält einen kurzen, persönlichen Text. Begründen Sie bitte kurz und knapp, warum Sie mit genau diesem Mitglied vernetzt sein möchten.

Die Gründe können natürlich sehr vielfältig sein: Sie kennen das andere Mitglied von der Uni, aus einer früheren Tätigkeit, aus dem Ort, aus dem gleichen Verein oder von einer Veranstaltung. Dann ist der Einstieg sehr einfach.

Beispiel

Hallo Herr Schmitz,
wir kennen uns vom vergangenen E-Marketingday Rheinland in Mönchengladbach. Dort unterhielten wir uns beim Mittagessen über die Potenziale von Social Media im B2B-Bereich.
Ich würde diese interessante Diskussion gerne fortsetzen und freue mich, wenn Sie einer Vernetzung bei XING zustimmen würden.

oder

> **Beispiel**
>
> Hallo Herr Karlchen,
>
> nochmals herzlichen Dank für die wirklich exzellente und vielfältige Dozentenschulung am vergangenen Samstag in der XY.
>
> Ich würde mich freuen, Sie als Experte für ABC in meinem Netzwerk bei Xing begrüßen zu dürfen.
>
> Freundliche Grüße

oder

> **Beispiel**
>
> Hallo Paul,
>
> ich hoffe du erinnerst dich noch an mich. Wir haben zusammen studiert und bei Professor Meier-Schlimm das Seminar zum Thema »Weltpolitik im Wandel der Zeit« besucht. Ich fände es super, wenn wir nach all der langen Zeit noch mal in Kontakt kämen und habe mit meinem Wunsch nach Vernetzung bei XING den ersten Schritt getan.
>
> Ich hoffe, dass du ebenfalls Interesse an einem Kontakt hast und würde mich über eine Annahme meiner Anfrage sehr freuen.
>
> Viele Grüße

> **Wichtig**
>
> Achten Sie darauf, dass Anfragen aufgrund von gemeinsamen Veranstaltungen schnell erfolgen, also nicht vier Wochen danach. Dann erinnert sich niemand mehr an Sie.

Kennen Sie das Mitglied gar nicht, müssen Sie auf andere Gemeinsamkeiten eingehen. Hier dürfen Sie sich natürlich auf die gemeinsame Mitgliedschaft in einer Gruppe, die gleiche Branche oder die gleichen Interessengebiete beziehen. Aber es muss deutlich rüberkommen, dass Sie sich Gedanken gemacht haben, warum Sie dieses Mitglied gerne in Ihrem Netzwerk hätten.

Solche plumpen Formulierungen funktionieren eher nicht:

- Ich habe gesehen, dass Sie sich auch für … interessieren. Bestätigen Sie mich als Kontakt, man weiß nie, für was das gut sein kann.
- Ich bin durch eine Internet-Recherche auf Ihr Profil aufmerksam geworden. Sie wissen ja, Kontakte schaden nur dem, der keine hat. Deshalb würde ich mich über eine Vernetzung mit Ihnen freuen.
- Wie ich sehe, sind Sie wie ich auch Mitglied in der Gruppe XXX. Gerne würde ich mich mit Ihnen vernetzen. Gegebenenfalls ergeben sich in Zukunft interessante gemeinsame Gesprächsthemen.

Bei dem folgenden Beispiel aus meiner Liste der Kontaktanfragen hat der Anfragende zwar Bezug auf unsere regionale Nähe genommen, aber keine echte Begründung geliefert, warum ich die Kontaktanfrage annehmen sollte.

Beispiel

Sehr geehrter Herr Bärmann,
würde mich über Kontaktbestätigung sehr freuen.
Beste Grüße aus Uetterath. (Anmerkung: Uetterath liegt nicht sehr weit von meinem Geschäfts- und Wohnort entfernt)

Hier hätte beispielsweise ein Interesse seiner Firma an meiner Tätigkeit gut getan. Oder solche charmanten Sätze wie »Ich finde es sehr spannend, dass es solche Agenturen wie Ihre nicht nur in den Städten, sondern auch auf dem Land gibt, so dass ich gerne einen dauerhaften Kontakt zu Ihnen herstellen möchte. Denn wir vom Land müssen zusammenhalten«.

Nützlich ist immer, wenn Sie sich die anderen Profile des Mitglieds im Web anschauen, z.B. die Webseite, die Facebookseite oder -profil oder das Blog (sofern vorhanden).

Und seien Sie ehrlich. Kein schmalztriefendes Geschwafel bitte.

Mit diesem Wissen können Sie eine ganz charmante Kontaktanfrage stellen, die dem anderen zeigt, dass sich mit ihm und seiner Tätigkeit beschäftigt haben.

Das Netzwerk aufbauen und pflegen

> **Beispiel**
>
> Sehr geehrte Frau...,
>
> meine Name ist Frank Bärmann und ich arbeite als Berater für Social-Media- und Content-Marketing.
>
> Ich könnte Ihnen jetzt erzählen, dass ich Ihrem Unternehmen beim Einstieg in die Social-Media-Welt helfen kann. Ich könnte Ihnen auch erzählen, dass Sie dringend eine Agentur für sowas benötigen. Tue ich aber nicht.
>
> Ich möchte Sie lediglich bitten, einer Vernetzung bei XING zuzustimmen, damit Sie meiner Arbeit folgen und sich selbst ein Bild von mir machen können.
>
> Freundliche Grüße
>
> Frank Bärmann

Natürlich ist das nur ein Beispiel und diese Form sicher reine Geschmackssache, aber es zeigt, wie Sie mit XING zum Beispiel an fremde Unternehmen herantreten können.

> **Tipp**
>
> Für den Text einer Kontaktanfrage (Erstkontakt) besteht zurzeit eine Zeichenobergrenzevon 600 Zeichen für Premium-Mitglieder und 150 für Basis-Mitglieder.

> **Wichtig**
>
> Denken Sie an die Datenfreigabe und die Kategorisierung.

Denn bereits während der Kontaktaufnahme können Sie entscheiden, welche Ihrer Profildaten Sie der Person freigeben möchten. Klicken Sie dazu in der Maske zur Kontaktanfrage auf IHRE DATENFREIGABE und setzen Sie die Häkchen bei den entsprechenden Angaben (z.B. Geburtstag, geschäftliche Kontaktdaten, private Kontaktdaten).

Kontaktanfragen 5.3

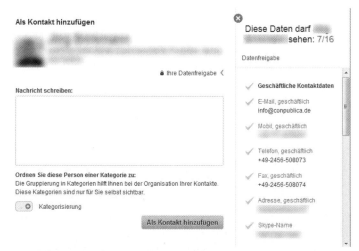

Erledigen Sie gleich mit der Anfrage die Datenfreigabe und die Kategorisierung

Hüten Sie sich aber bitte davor, den Empfang von persönlichen Nachrichten für dieses Mitglied zu deaktivieren. Wenn Sie das tun, können Sie auch gleich die Anfrage ablehnen, denn der andere kann später nichts mit Ihnen anfangen.

Zusätzlich sollten Sie sofort die Möglichkeit nutzen, Kategorien für die Person einzurichten (z.B. privat, Kunde, New York), um den Kontakt später schneller zu finden. Diese Kategorisierung dient auch der Übersichtlichkeit und Pflege Ihres gesamten Netzwerks.

Wenn der Kontakt Sie bestätigt, erhalten Sie eine Benachrichtigung an Ihre aktive Benachrichtigungs-Adresse.

Tipp
Ihre gestellten Kontaktfragen finden Sie später unter KONTAKTE und KONTAKTANFRAGEN. Stellen Sie dann rechts in der Ecke die Ansicht um von EMPFANGENE ANFRAGEN auf GESENDETE ANFRAGEN.

5.3.2 Umgang mit Kontaktanfragen

Wie ich bereits mehrfach erklärte, können Sie bei XING nicht nur aktiv Kontaktanfragen stellen, sondern auch von anderen Mitgliedern erhalten. Ob Sie eine Anfrage annehmen oder nicht, hängt wiederum von Ihrer persönlichen Strategie ab.

Wenn Sie schnell viele Kontakte haben wollen, können Sie jede Anfrage annehmen. Wenn Sie lieber auf Qualität achten, sollten Sie jede Anfrage kritisch prüfen.

Generell finden Sie Ihre Kontaktanfragen in der fixen Seitennavigation (vgl. Abschnitt 4.2) hinter dem Punkt NEUE KONTAKTE. Es öffnet sich ein Fenster mit Ihren offenen Kontaktanfragen, offenen Einladungen und neuesten Kontakten.

Für jede einzelne Kontaktanfrage haben Sie nun mehrere Reaktionsmöglichkeiten. Sie können den Kontakt bestätigen, ablehnen und MEHR klicken, um weitere Optionen zu erhalten. Diese sind, dem Mitglied zunächst eine Nachricht zu schreiben (nur Premium-Mitglieder) oder die Anfrage als Spam zu melden. Sowohl die Annahme als auch die Ablehnung der Anfrage kann mit oder ohne Antwort geschehen.

Kontaktanfrage annehmen

Wenn Sie die Kontaktanfrage annehmen wollen, klicken Sie auf das ♂⁺ Zeichen und es öffnet sich ein Fenster, in das Sie Ihre Antwort eintragen können. Das kann natürlich kurz und knapp erfolgen z.B. mit »gerne!« oder ausführlicher mit einer echten Antwort. Ich empfehle, auf das Anschreiben einzugehen und das neue Mitglied in Ihrem Netzwerk zu begrüßen. Selbstverständlich haben Sie auch die Option, ohne Antwort anzunehmen.

Achten Sie auch bei der Annahme der Anfrage darauf, dass Sie Ihre Datenfreigabe individuell einstellen können und dem neuen Mitglied Ihres Netzwerks gleich die richtigen Schlagworte (Kategorien) zuordnen.

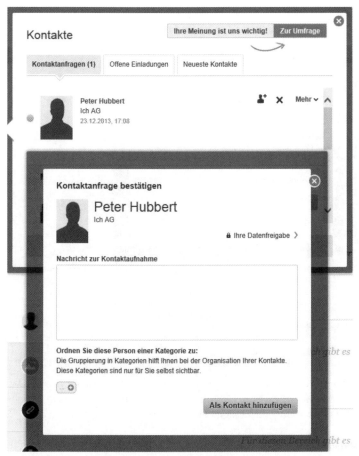

So nehmen Sie eine Kontaktanfrage an.

Kontaktanfrage ablehnen

Sagt Ihnen das Profil oder die Kontaktanfrage gar nicht zu, dürfen Sie selbstverständlich auch direkt ablehnen. Klicken Sie auf das ✘ Symbol und es erscheint ein weiteres Fenster. Nun können Sie entscheiden, ob Sie die Anfrage mit oder ohne Nachricht ablehnen wollen.

Das Netzwerk aufbauen und pflegen

So lehnen Sie die Anfrage ab

Hinweis

Wenn Sie eine Anfrage ohne Nachricht ablehnen, erfährt das andere Mitglied nicht, dass Sie die Anfrage abgelehnt haben.

Teilen Sie dem anderen ruhig mit, warum Sie ihn abgelehnt haben. Das erfordert allerdings etwas Mut. Denn in der heutigen anonymen Online-Welt ist es leichter, jemanden mit einem Klick los zu werden.

Mitglied kontaktieren

Als Premium-Mitglied haben Sie allerdings noch eine dritte Alternative. Sie lehnen die Anfrage nicht gleich ab, sondern senden ihm erst eine Nachricht.

Denn es könnte ja sein, dass der Anfragende gerade nicht die richtigen Worte gefunden hatte. Oder er aus Unwissenheit eine Standardanfrage versendet hat. Diese Menschen werden Ihnen dann auf Rückfrage durchaus genau sagen, was sie interessiert und warum sie mit Ihnen in XING netzwerken möchten.

Ich persönlich finde diese Vorgehensweise sehr sinnvoll, denn damit ist die Kontaktentscheidung nicht mehr schwarz oder weiß.

Für mich wäre das eine klare Verbesserungsempfehlung für XING, zumindest an dieser Stelle die persönliche Nachricht für Basis-Mitglieder zuzulassen.

> **Hinweis**
>
> Der Text für eine Nachricht zum Annehmen oder Ablehnen einer Anfrage ist aktuell nicht wie die Kontaktanfrage auf 600 Zeichen begrenzt. Ein Test mit mehr als 10.000 Zeichen funktionierte tadellos, auch wenn das in der Praxis keinen Sinn macht. Fassen Sie sich auch bei diesen Texten kurz. Ebenfalls sind Nachrichten, die Sie über XING verschicken, nicht begrenzt.

5.3.3 Lassen Sie sich einfach empfehlen

Wenn Sie selbst keine Kontaktanfrage an ein interessantes, Ihnen aber gänzlich unbekanntes XING-Mitglied stellen wollen, dann nutzen Sie die Empfehlungsfunktion bei XING.

Wie es sich für ein Business-Netzwerk gehört, können sich bestehende Kontakte untereinander andere Mitglieder empfehlen.

Da Sie empfohlen werden wollen, müssen Sie zunächst jemanden finden, der Sie empfiehlt. Dieser jemand muss zudem ein direkter Kontakt desjenigen sein, dem Sie empfohlen werden wollen. So werden Sie aus einer unbekannten Person eine persönliche Empfehlung eines Bekannten.

> **Beispiel**
>
> Herr Schmeichel möchte bei Frau Möhre empfohlen werden, weil er mit der Dame gerne Geschäfte machen möchte. Statt einer direkten Kontaktanfrage als Unbekannter fragt er Herr Supp, der mit Frau Möhre bereits vernetzt ist, ob dieser ihn bei Frau Möhre persönlich empfehlen könne. Dieser schreibt über die XING-Empfehlungsfunktion eine Nachricht an Frau Möhre, in die der Link zu Herrn Schmeichels Profil eingebettet ist. Frau Möhre empfängt die Nachricht und besucht das Profil von Herrn Schmeichel. Der erste Kontakt ist hergestellt und Frau Möhre hat wohlwollend in Erinnerung, dass Ihr guter Kontakt Herr Supp den Herrn empfohlen hat.

Um die Empfehlungsfunktion einzusetzen, besuchen Sie das Profil des XING-Mitglieds, bei dem Sie empfohlen werden wollen. Ganz oben über dem Profil finden Sie eine Darstellung, wie dieses Mitglied mit Ihnen verbunden ist. Mit Klick auf ALLE VERBINDUNGEN sehen Sie alle Alternativen. Diese Verbindungen zeigen Ihnen die Verbindungspfade des 2. und 3. Grades.

Suchen Sie sich einen Ihrer Kontakte, der mit der Zielperson in direktem Kontakt steht. Die Zielperson ist damit Ihr Kontakt 2. Grades.

Nun bitten Sie Ihren Kontakt, Sie bei der Zielperson zu empfehlen.

5.4 Hausputz im eigenen Netzwerk

Wenn Sie bei XING die Strategie »Klasse statt Masse« oder »Qualität statt Quantität« verfolgen, sollten Sie regelmäßig in Ihrem Netzwerk Hausputz halten. Denn die Qualität und Klasse Ihrer Kontakte hängt natürlich zum einen davon ab, was Sie selbst daraus machen. Sie hängt aber auch davon ab, was Ihre Kontakte daraus machen.

Bleiben wir beim Bild des Hausputzes: Üblicherweise werden folgende drei Schritte dabei erledigt.

1. Aufräumen
2. Reinigen
3. Pflegen

Genauso können Sie beim Hausputz in Ihrem Netzwerk vorgehen.

5.4.1 Das Netzwerk aufräumen und reinigen

Unter Aufräumen versteht man heute nicht nur Ordnung schaffen, sondern auch ausmisten.

Im Grunde haben Sie (hoffentlich) bereits ein Ordnungssystem in Ihr Kontakte-Netzwerk gebracht, indem Sie alle Kontakte mit Schlagworten versehen und somit kategorisiert haben. Falls Sie das bisher nicht oder nicht mit allen Kontakten getan haben, sollten Sie das in einem Arbeitsschritt mit dem Ausmisten tun.

Ausmisten – Von überflüssigen und nicht benötigten Dingen trennen

Beim Ausmisten – andere sagen entrümpeln – trennt man sich von unnötigen Dingen, die man jahrelang irgendwo aufbewahrt hat, die man vielleicht noch nie angefasst hat oder die man einfach nicht benötigt. Sie kennen doch die Geschichte mit den alten Umzugskisten, die Sie auch fünf Jahre nach dem Umzug noch immer unberührt im Keller stehen haben. Wenn Sie die Dinge darin in den letzten fünf Jahren nicht vermisst haben, werden Sie diese auch nie vermissen, also weg damit.

Bitte erlauben Sie mir, aus meiner eigenen Praxis zu berichten. Das ist vielleicht lebendiger als immer nur gute Tipps.

Ich gehe durchschnittlich vier Mal im Jahr meine 400 Kontakte komplett durch, schaue mir die Menschen, die Berufe, die Unternehmen, die kompletten Profile und – was immer besonders interessant ist – die Kontaktanfragen von einst an. Die Texte finden Sie nämlich in den jeweiligen Notizen zu den Kontakten. Dort sehen Sie auch, wer die Anfrage einst gestellt hat, Sie oder der/die andere.

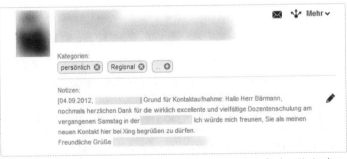

Den Text der Kontaktanfrage und wer diese gestellt hat, finden Sie in den Notizen

Dabei entscheide ich einerseits nach festgelegten Kriterien, andererseits nach Bauchgefühl, wen ich gegebenenfalls »ausmisten« kann und wen nicht.

Mein erstes Kriterium ist in diesem Fall ganz einfach die spontane Erinnerung beim Zappen durch die Liste. Woher kenne ich diese Person? Was kann ich damit verbinden? Warum sind wir vernetzt? Wie kann mir diese Person helfen oder wie kann ich dieser Person helfen? Hatten wir jemals Kontakt und wenn ja, wann war der letzte Kontakt?

Alle Kontakte, die bei dieser Spontan-Prüfung keine Erinnerung hervorzaubern, müssen näher untersucht werden. Dazu vergebe ich ein Stichwort wie z.B. »Prüfen«.

Dieser Prozess nimmt schon einige Stunden in Anspruch und bei noch mehr Kontakten kann es auch schnell ein ganzer Tag werden. Aber die Analyse lohnt sich, denn am Ende habe ich einige Kandidaten, die zur Prüfung anstehen und die ich über das Stichwort »Prüfen« mit einem Klick aufgelistet bekomme. In der Regel sind das 10 bis 20 Personen.

Diese Kandidaten schaue ich mir im Detail an. Über die Funktion MEHR kommen Sie zu den Befehlen UNSERE KORRESPONDENZ und LETZTE AKTIVITÄTEN.

Hier sehe ich unsere gesamte gemeinsame Historie, sofern es eine gibt.

Gab es **niemals** einen Austausch, also weder von meiner noch von der anderen Seite, muss ich mich ernsthaft fragen, warum.

Vielleicht ist das XING-Mitglied gar nicht in dem Netzwerk aktiv (Karteileiche), vielleicht war und ist diese Person für mich nicht interessant oder vielleicht ist mein Profil für die andere Person nicht interessant.

Um letzteres heraus zu finden, schreibe ich dem Mitglied eine kurze Nachricht und frage, wie es unseren Netzwerk-Status einschätzt. Warum wollten wir einst eine Vernetzung und warum gab es danach nie einen regelmäßigen Austausch?

Hier schlage ich zwei Fliegen mit einer Klappe: Einerseits rufe ich mich mit einer für viele dreisten Nachricht wieder ins Gedächtnis. Anderseits sehe ich, ob diese Person überhaupt noch auf XING aktiv ist. Bekomme ich eine Antwort, wird der »Prüfen«-Status in der Regel zurück genommen. Es sei denn man äußert mir gegenüber, dass eine weitere Vernetzung keinen Sinn macht. Bekomme ich keine Antwort, wird der Kontakt aufgehoben.

Mir ist sehr wohl bewusst, dass dieses Vorgehen egoistisch ist. Anderseits geht es bei XING um den geschäftlichen Nutzen eines jeden einzelnen. Und der ist nun mal bei Karteileichen und nutzlosen Kontakten nicht gegeben.

5.4.2 Gute Kontakte pflegen

Unter Punkt 3 beim Hausputz hatte ich die Pflege erwähnt. Im Haushalt sind z.B. Möbel, Fußböden usw., also eher wertvolle Dinge zu pflegen.

Auch das können Sie analog auf Ihre Kontakte übertragen. Wenn Sie nichtaktive Kontakte oder Karteileichen »ausgemistet« haben, bleiben die wertvollen Kontakte übrig. Die müssen Sie stets pflegen.

Was bedeutet nun »Kontakte pflegen«?

Hier kommt eine ganz wichtige Regel ins Spiel, die sowohl für das Pflegen von Freundschaften wie auch für das Pflegen von Kontakten in Netzwerken und im realen Leben gilt: Nicht nur nehmen, sondern auch geben.

Sie pflegen Ihre Kontakte bei XING also nur, wenn Sie sich auch bei anderen melden, wenn Sie aktiv Ihre Kontakte ansprechen, bei Fragen oder Problemen helfen und sich gerne auch mal persönlich treffen. Ein Abwarten auf eine Reaktion der anderen funktioniert nicht, weder im realen Leben noch bei XING.

Zugegeben, letzteres funktioniert nur begrenzt, weil man meist Kontakte hat, die weiter über das Land oder sogar über die Grenzen verstreut sind.

Hier sind einige Tipps, wie Sie Ihre Kontakte pflegen:

1. Nutzen Sie die Geburtstagserinnerungsfunktion von XING.
2. Reagieren Sie auf Profiländerungen Ihrer Kontakte, die Sie in Ihren Neuigkeiten aus dem Netzwerk lesen.
3. Reagieren Sie auf Statusmeldungen, Linkempfehlungen, Events und andere Meldungen Ihrer Kontakte, die Sie in Ihren Neuigkeiten aus dem Netzwerk lesen.
4. Sprechen Sie einfach mal Empfehlungen aus.
5. Nehmen Sie einfach so mal Kontakt auf.

Die Geburtstage Ihrer Kontakte

Gleich auf Ihrer Startseite sehen Sie rechts in der Menüleiste unterhalb Ihrer Profilbesucher die nächsten Geburtstage Ihrer Kontakte. Dies gilt sowohl für Basis- wie auch für Premium-Mitglieder. Klicken Sie einfach auf das Bild und senden Sie dem Kontakt einen kurzen Glückwunsch. Bei bestehenden Kontakten dürfen auch Basis-Mitglieder Nachrichten versenden.

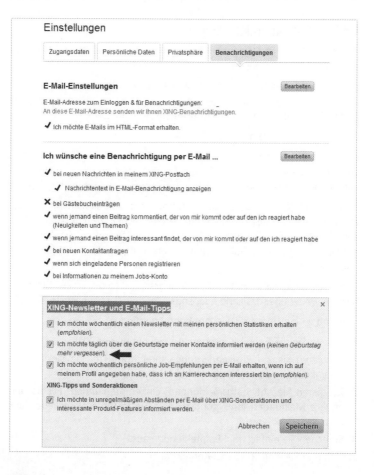

Um es Ihnen noch bequemer zu machen bietet XING eine Geburtstagserinnerungsfunktion. Dabei erhalten Sie – wenn Sie mögen – täglich eine kurze E-Mail mit einer Übersicht der an diesem Tag anstehenden Geburtstage Ihrer Kontakte und einem Link, über den Sie den Geburtstagskindern direkt Glückwünsche senden können. Voraussetzung ist, dass der Kontakt sein Geburtsdatum für Sie freigeschaltet hatte.

Diese Funktion können Sie über EINSTELLUNGEN (das Zahnrad ✿ in der fixen Seitennavigation) und BENACHRICHTIGUNGEN im Bereich XING-NEWSLETTER UND E-MAIL-TIPPS abstellen.

Auf Profiländerungen Ihrer Kontakte reagieren

Veränderungen bestimmen das Leben. Nicht nur Sie wechseln vielleicht irgendwann den Arbeitgeber oder den Arbeitsort, werden befördert, bilden sich weiter oder erweitern Ihr Portfolio, sondern auch Ihre Kontakte.

Die Standardeinstellungen der XING-Privatsphäre sind so festgelegt, dass alle Veränderungen/Aktualisierungen Ihrer Kontakte bei Ihnen im Newsfeed auf der Startseite sichtbar werden. So sehen Sie stets, wer sich wie verändert hat.

Reagieren Sie einfach hin und wieder auf diese Meldungen. Dazu bietet Ihnen XING zwei Wege: Sie kommentieren die Meldung oder Sie klicken auf den Stern und zeigen, dass Sie diese Veränderung interessant finden. Darüber hinaus sollten Sie diesen Kontakt anschreiben, wenn er z.B. den Arbeitgeber gewechselt hat. Das könnte für Sie vielleicht nützlich sein.

5 Das Netzwerk aufbauen und pflegen

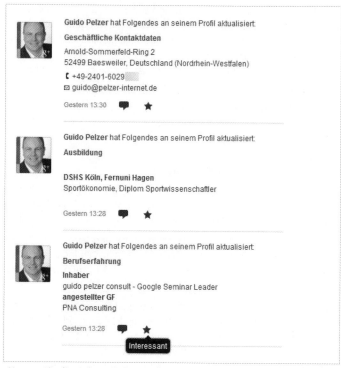

Nutzen Sie die Gelegenheit und reagieren Sie auf Profiländerungen Ihrer Kontakte

Egal, welche Reaktion Sie zeigen, Ihr Gegenüber wird diese mitbekommen und auf Sie aufmerksam. Vielleicht wird daraus ja ein aktiver Austausch.

Und nicht nur das, auch andere XING-Mitglieder sehen Ihre Aktivität unterhalb der Meldung.

Tipp

Sie können die Meldungen in Ihrem Newsfeed filtern und sich z.B. nur die Profiländerungen anzeigen lassen. Klicken Sie dazu rechts oberhalb der Box mit den Meldungen auf ANSICHT: ALLE EINTRÄGE. Es öffnet sich eine Box, in der Sie die Filter einstellen können.

Auf Statusmeldungen Ihrer Kontakte reagieren

Genauso, wie Sie auf Veränderungen im Profil Ihrer Kontakte reagieren sollten, so sollten Sie hin und wieder auf Statusmeldungen, Linktipps, Events, Jobangebote, Umfragen Ihrer Kontakte reagieren, die Sie in Ihrem Newsfeed lesen. Das muss keineswegs immer sein, aber interessante Links, Empfehlungen und Neuigkeiten sind einen Kommentar oder ein »interessant« wert.

Beachten Sie bitte, dass die Optionen für eine Reaktion je nach Art der Meldung unterschiedlich sind.

Die reinen Statusmeldungen können von Ihnen nur kommentiert oder als interessant gekennzeichnet werden.

Links und Events bieten eine erweiterte Auswahl an Reaktionsmöglichkeiten. Hier können Sie die Meldung weiter empfehlen – in XING (also Ihrem eigenen Newsfeed), bei Facebook und Twitter.

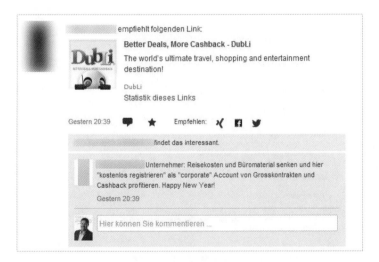

Hinweis

Sie können nicht nur selbst reagieren, sondern zum Teil auch sehen, welche XING-Mitglieder bereits eine Reaktion auf eine Meldung oder Profiländerung gezeigt haben.

Empfehlungen aussprechen

Eine Freundschaft oder Bekanntschaft lebt vom Geben und Nehmen, wie ich bereits ausführte. In Abschnitt 5.3.3 habe ich Ihnen gezeigt, wie Sie sich anderen XING-Mitgliedern empfehlen lassen und so neue Kontakte finden können.

Anders herum freuen sich Ihre Kontakte sicher, wenn Sie diese auch mal empfehlen.

Einfach einen anderen Kontakt aus Ihrem Netzwerk empfehlen.

Wenn Sie also von jemandem wissen, der ein Mitglied Ihres Kontakt-Netzwerks gebrauchen könnte, stellen Sie doch einfach durch eine Empfehlung einen Kontakt zwischen den beiden her.

Dazu besuchen Sie das Profil der Person, die Sie empfehlen wollen, klicken rechts auf MEHR und dann auf EMPFEHLEN.

Alternativ können Sie in der Listenansicht auf das Logo ✌ klicken.

Es öffnet sich ein Fenster, in das Sie die Kontaktperson eintragen, der Sie einen Kontakt empfehlen wollen und Ihren individuellen Text.

Wenn Sie unten das Häkchen setzen, erhält der Empfohlene die Nachricht ebenfalls und kann eine spätere Anfrage des anderen nachvollziehen.

Ihr Kontakt erhält dann eine Nachricht mit einem Link zum Profil des Empfohlenen.

Einfach mal so Kontakt aufnehmen

Natürlich müssen Sie nicht immer irgendeinen Grund haben, einen Kontakt aus Ihrem Netzwerk zu kontaktieren. Ich empfehle Ihnen, regelmäßig in Ihre Kontaktliste zu schauen und einfach den/die eine(n) oder andere(n) virtuell mal anzustupsen. Schreiben Sie einfach mal ein »Hallo, wie geht's. Lange nichts mehr voneinander gehört«. Ihr Gegenüber wird sich freuen, sicher.

5.5 XING aktiv nutzen

Nun wissen Sie bereits, wie Sie Ihr Netzwerk bei XING aufbauen und pflegen. Ich möchte Ihnen im Folgenden noch ein paar Tipps geben, wie Sie XING in Ihre tägliche Arbeit einbeziehen können.

5.5.1 Kontakte teilhaben lassen und informieren

Fragen Sie sich bitte, warum Sie mit anderen Personen bei XING eine Kontakt-Beziehung eingegangen sind.

Weil Sie diese Menschen in Ihrer Kontaktsammlung haben wollen (ähnlich den Kontakten im Handy oder in Outlook)?

Weil Sie mit diesen Menschen irgendwann und irgendwie geschäftlich zusammenarbeiten wollen?

Weil Sie diese Menschen über Ihre Arbeit auf dem Laufenden halten wollen?

Fällt Ihnen sonst noch etwas ein?

Wenn XING nur wollte, dass Sie Kontakte sammeln und pflegen, wären viele Funktionen nicht vorhanden. XING möchte, dass sich Kontakte untereinander informieren, auf dem Laufenden halten, Empfehlungen aussprechen und Tipps geben, zu Events einladen und netzwerken.

Deshalb gibt es den Newsfeed, der die gleiche Rolle einnimmt wie die Timeline bei Facebook, Twitter und Google+. Deshalb gehört XING zu der Gruppe der sozialen Netzwerke (auch Social Media genannt).

Laut Wikipedia sind Social Media »digitale Medien und Technologien, die es Nutzern ermöglichen, sich untereinander auszutauschen und mediale

Inhalte einzeln oder in Gemeinschaft zu erstellen«.
(Quelle: *http://de.wikipedia.org/wiki/Social_Media*)

Also tun Sie bitte genau dies. Tauschen Sie sich aus, informieren Sie Ihre Kontakte, über das, was Sie beruflich tun, welches Projekt Sie gerade betreuen, welchen Kunden Sie gewonnen haben, zu welchem Event Sie demnächst gehen oder welches Fachbuch Sie empfehlen.

Eine Statusmeldung oder einen Link-Tipp zu veröffentlichen dauert höchstens zwei Minuten. Eventteilnahmen, neue Kontakte und Profiländerungen veröffentlicht XING sogar automatisch.

Und wenn Sie im World Wide Web dann und wann auf die kleine XING Schaltfläche fürs Teilen klicken, erfahren Ihre Kontakte sogar noch mehr von Ihnen jenseits von XING.

Nur wenn Sie Ihre Kontakte auf dem Laufenden halten, erhalten Sie die notwendige Aufmerksamkeit. Und ohne Aufmerksamkeit machen Sie keine Geschäfte.

Übrigens: Wenn Ihre Kontakte keine Statusmeldungen mehr von Ihnen möchten, können sie diese mit wenigen Klicks abbestellen. Seien Sie also unbesorgt, dass Sie andere mit Ihrem Kram belästigen. Das tun Sie nicht – solange Sie nicht SPAM produzieren, also unnötige Werbung und Massennachrichten.

5.5.2 Sprechen Sie Profilbesucher aktiv an

Ein weiterer Tipp, den ich Ihnen unbedingt ans Herz legen möchte, ist, die Besucher anzuschreiben, die Ihr Profil besucht haben. Leider gilt dieser Tipp nur für die Premium-Mitglieder. Hier zahlt es sich aus, ein wenig Geld für XING zu investieren.

5 Das Netzwerk aufbauen und pflegen

XING zeigt Ihnen (Premium-Mitglied) nicht nur, wer Ihr Profil besucht hat, sondern auch den Grund. Die letzten drei sehen Sie immer auf der Startseite oben rechts im Kasten.

Im Zuge des Startes des neuen Premiums hat XING aber einiges mehr im Angebot. Klicken Sie entweder auf ALLE BESUCHER & STATISTIKEN oder besuchen die Seite *https://www.xing.com/premium/visitors*.

Sie finden dort eine Fülle von wertvollen Informationen

- Name, Position und Unternehmen
- Grund für Besuch
- Anzahl der Besuche insgesamt mit Datum
- Verbindungsdetails (wie dieses Mitglied mit Ihnen verbunden ist)

Zusätzlich können Sie wählen, ob Sie die Mitglieder sehen wollen,

- die Ihr Profil besucht
- Ihr Portfolio angeklickt
- Ihre Firmen-Webseite oder ehemalige Firmen-Webseite angeklickt haben (also die Webseite eines früheren Arbeitgebers).

Und Sie können wählen, ob Sie vom Kontakt-Grad her

- Alle Mitglieder
- Direkte Kontakte
- Indirekte Kontakte
- Nicht-Kontakte
- angezeigt bekommen wollen.

In der rechten Menüleiste finden Sie noch statistische Angaben zu Erstbesuchern & Wiederkehrern, Recruitern & anderen Besuchern, Suchbegriffen und Branchen.

Die Frage ist nun, wie Sie die Fülle an Informationen nutzen. Dazu ein paar Beispiele:

- Sie können davon ausgehen, dass XING-Mitglieder, die aktiv nach Ihrem Namen gesucht haben, sich für Sie interessieren.
- Sie können davon ausgehen, dass XING-Mitglieder, die gleich mehrfach Ihr Profil besucht haben (und vielleicht noch an mehreren Tagen) ein erhöhtes Interesse an Ihnen haben.

- Sie können davon ausgehen, dass XING-Mitglieder, die auf Ihrem Profil waren und zudem Ihre Firmen-Webseite angeklickt haben, ein besonderes Interesse an Ihnen und Ihrem Unternehmen haben.
- Sie können davon ausgehen, dass ein Nicht-Kontakt, der mehrfach auf Ihrem Profil war, ebenfalls irgendein besonderes Interesse hat. Ein Direkter Kontakt hingehen wollte vielleicht nur mal sehen, was Sie noch so treiben.

Sie müssen sicher nicht alle Besucher Ihres Profils, Ihres Portfolios und Ihrer Webseite kontaktieren, aber die oben genannten könnten zu einem neuen Kontakt oder sogar zu einem Geschäft führen.

Nehmen Sie sich bitte die Zeit und schauen Sie zwei Mal pro Woche (am besten öfter) in diese Liste, schreiben Sie den Mitgliedern eine kurze Nachricht und fragen höflich, ob Sie dieser Person irgendwie weiterhelfen können o.ä., sie habe ja mehrfach Ihr Profil besucht. Bitte senden Sie KEINE Kontaktanfrage!

Unterscheiden Sie bei Ihrer Ansprache bitte zwischen Nicht-Kontakten, Indirekten Kontakten und Direkten Kontakten.

Bei Indirekten Kontakten könnten Sie sich auf einen Ihrer gemeinsamen Kontakte beziehen, den Sie beide kennen.

Direkten Kontakten sagen Sie lediglich, dass Sie sich über dessen Besuch auf Ihrem Profil freuen. Erkundigen Sie sich nach dem Wohlbefinden und starten Sie ggf. einen Smalltalk via XING.

5.5.3 Referenzen erbitten

Auch diese Funktion ist leider den Premium-Mitgliedern vorbehalten. Diese können von Kunden oder Geschäftspartnern, aber auch von Vorgesetzten und Kollegen Referenzen erbitten.

Dazu wechseln Sie in Ihr Profil und gehen auf den Punkt REFERENZEN ANFRAGEN UND VERWALTEN. Es öffnet sich ein neues Browserfenster, in dem Sie Ihre aktuellen Referenzen sehen, verwalten und neue Referenzanfragen stellen können. Sie können im Grunde jeden Ihrer Kontakte um eine Referenz bitten. Die Referenzen werden jeweils einer Ihrer aktuellen und ehemaligen Tätigkeiten zugeordnet.

Den Nutzen einer Referenz muss ich Ihnen nicht erklären. Auch bei XING sind Referenzen perfekt für Ihre Reputation und zeichnen ein Bild von der Qualität Ihrer Arbeit.

Zögern Sie bitte nicht, Ihre Kontakte um Referenzen zu bitten.

5.5.4 Kleine Profiländerungen, großer Effekt

Bei alten XING-Hasen ist der Trick ein alter Hut. Um regelmäßig für Aufmerksamkeit bei Ihren Kontakten zu sorgen, führen Sie kleiner Änderungen an Ihrem Profil durch. Denn wie Sie ja bereits wissen, werden diese Profiländerungen ebenfalls bei Ihren Kontakten in den Newsfeeds angezeigt.

Wechseln Sie ab und zu Ihr Profilbild, Verändern Sie die Beschreibung Ihrer Tätigkeit oder tauschen Sie den Werbespruch dann und wann aus.

Nur übertreiben Sie es bitte nicht. Sonst wird es nervig für die anderen.

… Kapitel 6

Weitere XING-Bausteine

6.1	Jobs & Karriere	98
6.2	Der XING-Projektmarkt	100
6.3	XING-Gruppen	103
6.4	XING-Events	104
6.5	Reputation und Employer Branding Die XING-Unternehmensprofile	104

6 Weitere XING-Bausteine

In den voran gegangenen Kapiteln habe ich Ihnen gezeigt, wie Sie Ihr persönliches Kontakte-Netzwerk in XING planen, aufbauen und pflegen. Sie haben Ihr Profil und Ihr Portfolio fertig eingerichtet und die Startseite kennen gelernt.

Doch XING bietet noch weiteraus mehr Funktionen, Elemente und Möglichkeiten fürs professionelle Networking.

Wenn Sie einen Blick ganz nach oben auf die Seite werfen, entdecken Sie die Hauptnavigation.

Die XING-Hauptnavigation

Wenn Sie sich einloggen, steht der Zeiger (der helle Reiter) immer auf STARTSEITE. Die haben Sie bereits in Kapitel 4 kennen und nutzen gelernt. Hier geht es um die anderen Reiter JOBS, PROJEKTE, GRUPPEN, EVENTS und UNTERNEHMEN.

6.1 Jobs finden, Jobs bieten: Jobs & Karriere

Unter »Jobs und Karriere« finden Sie den Stellenmarkt auf XING. Dieser Bereich ist besonders interessant für XING-Mitglieder, die einen neuen Job suchen bzw. für Unternehmen, die Mitarbeiter suchen.

6.1.1 Jobs suchen und finden

Wenn Sie sich über den Reiter JOBS dorthin klicken, finden Sie eine Suchmaske, Job-Empfehlungen von XING, Jobs nach Tätigkeitsfeldern, Jobs nach Städten sowie die neuesten Jobs bei XING und Ihrem Netzwerk. Dies sind die Job-Angebote, die Ihre direkten Kontakte eingestellt haben. Hier findet eine erste Vernetzung zwischen Jobangeboten und Ihrem persönlichen Netzwerk statt.

Generell können Sie bei der Suche ebenso die gleichen Suchalgorithmen wie bei der Mitgliedersuche anwenden.

Die Jobempfehlungen werden von XING auf Basis der Informationen aus Ihrem Profil und Lebenslauf ermittelt.

Sie können in diesem Kasten nun einzelne Jobempfehlungen wegklicken, indem Sie mit der Maus über die Empfehlung fahren und auf das X klicken. Es ist allerdings nicht so, dass das Löschen einzelner Empfehlungen zur Optimierung der Empfehlungen beiträgt.

Das Besondere an den Jobangeboten bei XING ist, dass man Ihnen unterhalb der Jobbeschreibung Verbindungspfade zu Kontakten Ihres persönlichen Netzwerks zeigt, so dass Sie sehen, wie Sie mit dem Anbieter verbunden sind. Diese Kontakte könnten Sie fragen, ob und was sie über das Unternehmen wissen. Ein unschätzbarer Vorteil.

Fragen Sie doch Ihre direkten Kontakte nach dem Unternehmen

Eine interessante Offerte können Sie sich für später merken oder Sie bewerben sich gleich. Dazu stehen Ihnen wiederum zwei Wege zur Verfügung. Über die Schaltfläche PER E-MAIL BEWERBEN geht ein Fenster Ihres E-Mail Programms mit einem bereits angefangenen Text auf. Viel interessanter ist die Schaltfläche INTERESSE BEKUNDEN, über die Sie direkt unverbindlich Kontakt mit dem möglichen künftigen Arbeitgeber aufnehmen, ohne ein langes Anschreiben zu verfassen. Es wird dem anderen XING-Mitglied lediglich ein Link zu Ihrem XING-Profil gesendet.

Zudem können Sie eine Stellenanzeige auch anderen XING-Mitgliedern oder Ihrem gesamten Netzwerk empfehlen.

6.1.2 Stellenanzeigen schalten

Wenn Sie XING nutzen wollen, um neue Mitarbeiter zu finden, können Sie dort Stellenanzeigen schalten. XING ist im Social Media Recruiting immer noch unangefochten die Nr. 1 der genutzten Plattformen. Das ist auch bei den Jobsuchenden bekannt, so dass immer mehr Jobsuchende in dieses Netzwerk streben. Für Arbeitgeber bieten die Stellenanzeigen aber noch den Vorteil, auch XING-Mitglieder zu erreichen, die gar nicht aktiv suchen. Sofern diese nicht die Jobempfehlungen aktiv weggeklickt haben, erreichen sie Ihre Anzeigen ebenfalls.

Und: Ihre Stellenangebote werden auf Wunsch auch im Internet für Nicht-Mitglieder sichtbar geschaltet und damit durch Suchmaschinen gefunden.

XING bietet Ihnen drei Preismodelle mit unterschiedlichen Leistungspaketen an. Diese finden Sie entweder, wenn Sie auf JOBS und STELLENANZEIGE EINSTELLEN wechseln oder über den Direktlink *https://www.xing.com/jobs/products*.

Am sichersten fahren Sie mit der Textanzeige auf Klickpreis-Basis (Cost-per-Click CPC). Hier sagen Sie einfach, was Sie ausgeben wollen. In den anderen Modellen buchen Sie einen festen Betrag, den XING ausschöpft.

Weitere Informationen zum Thema Stellenanzeigen finden Sie auch in Abschnitt 12.5.2.

6.2 Projekte finden, Projekte bieten: Der XING-Projektmarkt

Hinter dem Reiter PROJEKTE verbirgt sich der XING-Projektmarkt, auch als Projektbörse bezeichnet. Projektbörsen sind Online-Marktplätze, die Freelancer, Dienstleister und Auftraggeber zusammenbringen. Es gibt eine ganze Reihe davon im Internet.

Im Unterschied zu diesen Projektbörsen ist der XING-Projektmarkt ein integraler Bestandteil des gesamten XING-Netzwerks. Dadurch, dass jeder das Profil des anderen bei XING besuchen und durchstöbern kann, können sich sowohl die Freiberufler als Dienstleister als auch die Auftraggeber schon vor Ihrer gemeinsamen Zusammenarbeit ein Bild voneinander machen. Zusätzlich zeigt XING sofort, wie man über die eigenen Kontakte mit dieser Person verknüpft ist. Das alles schafft Vertrauen und Transparenz für Freiberufler **und** Auftraggeber.

Das Prinzip von »XING-Projekte« ist simpel: Auftraggeber stellen ihre Projekte in nur wenigen Schritten ein, der Auftrag geht sofort live. Freiberufler können nach diesen suchen und per Klick ihr Interesse an dem Projekt bekunden.

Projekte finden, Projekte bieten: Der XING-Projektmarkt 6.2

XING-Projekte ist für Freiberufler kostenlos. Sie können nach beliebig vielen Projekten suchen und sich auf diese bewerben. Für Auftraggeber bietet XING zurzeit eine kostenlose und eine kostenpflichtige Variante mit einigen Zusatzfunktionen. So wird die Projektanzeige im Paket PLUS direkt nach dem Erstellen freigeschaltet. Das Preismodell kann sich aber jederzeit wieder ändern.

Hinweis

Der Bereich XING-Projekte ist übrigens auch über *www.xing.com/projects* zu erreichen, wenn Sie mal nicht auf XING angemeldet sind. Die Projekte sind so auch über Suchmaschinen wie Google auffindbar.

Projekte aus Sicht der Freiberufler

Als Freiberufler besuchen Sie direkt den Bereich PROJEKTE FINDEN innerhalb der Plattform. Sie sehen eine Liste der aktuellsten Projekte und können in der Suchmaske mit der Recherche nach passenden Projekten beginnen.

Tipp

Für alle Mitglieder, also für Basis- gleichwie für Premium-Mitglieder bietet XING eine erweiterte Suche, durch die Sie Ihre Suchkriterien noch enger eingrenzen können (z.B. Projektbeginn oder Arbeitszeit).

Die erweiterte Suche bietet Ihnen mehr Suchkriterien für das beste Matching

Wenn Sie ein Projekt gefunden haben, können Sie sich mit einem weiteren Klick die Projektdetails und den Ansprechpartner ansehen. Es bietet sich nun an, dessen Profil und im Anschluss auch die Unternehmensseite des Auftraggeber näher anzusehen.

Anschließend können Sie sich entweder direkt auf die Projektausschreibung bewerben oder das Projekt in eine Merkliste übertragen.

Wenn Sie sich bewerben (bei XING heißt das INTERESSE BEKUNDEN), erscheint ein Anfrageformular mit einem komplett fertigen Bewerbungstext. Interessant ist, dass XING bereits die richtige Anrede des Ansprechpartners eingetragen hat. Den Text sollten Sie natürlich individuell anpassen.

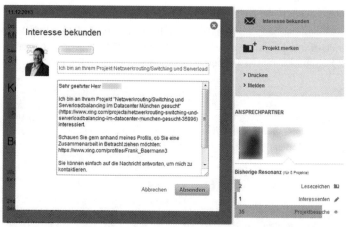

Die Anfrage ist prinzipiell fertig, sollte aber unbedingt individualisiert werden

Tipp

Legen Sie sich einen Suchauftrag von Ihrer aktuellen Suche an. Klicken Sie dafür einfach auf die Schaltfläche SUCHAUFTRAG ANLEGEN unter der Suchmaske.

Selbst wenn Sie kein Freiberufler sind, dürfen Sie den XING-Projektmarkt selbstverständlich nutzen. Auch Agenturen und Handwerker können hier neue Kunden finden.

Wichtig ist nur, dass Sie ein ordentlich geführtes Profil und Portfolio vorzeigen können. Denn auch der Auftraggeber wird nach Eingang Ihrer Anfrage Ihr Profil besuchen.

Projekte aus Sicht der Auftraggeber

In Zeiten von knappen Fachkräften greifen immer mehr Unternehmen auf Freelancer für meistens zeitlich begrenzte Projekte zurück. Nach eigenen Angaben von XING befinden sich dort mehr als 600.000 Freelancer mit den unterschiedlichsten Expertisen. Der XING-Projektmarkt bietet also auch für Unternehmen einen besonderen Zugang zu diesen Experten.

Stellen Sie einfach Ihre Projekte in den Projektmarkt ein, XING führt Sie durch den Prozess. Je nachdem, welche Option Sie gewählt haben, wird Ihre Ausschreibung direkt nach dem Erstellen oder innerhalb von zwei Werktagen bei XING-Projekte erscheinen. Als weitere kostenpflichtige Option präsentiert Ihnen XING schon direkt nach Veröffentlichung Ihres Projektes die XING-Mitglieder, die zu Ihren Anforderungen passen könnten. Zudem erhalten Sie einen Überblick, wer sich Ihre Ausschreibung bereits angesehen hat.

6.3 Wissen teilen, Hilfe finden, diskutieren: XING-Gruppen

Herzstück von XING waren von Anfang an die Gruppen. Diese Gruppen sind Gemeinschaften von Gleichgesinnten, die beispielsweise in derselben Branche arbeiten und sich fachlich austauschen möchten oder die ein Hobby oder ein Interesse teilen möchten.

Laut XING gibt es zurzeit etwa 50.000 Gruppen mit einer sehr großen thematischen Bandbreite. Um die für Sie persönlich geeigneten Gruppen zu finden, können Sie über den Reiter GRUPPEN und GRUPPEN FINDEN nach Gruppen, Themen und Begriffen suchen.

Im nachfolgenden Kapitel 7 werde ich Ihnen zwar nicht die einzelnen Funktionen der XING-Gruppen erklären, vielmehr erhalten Sie Tipps und Tricks, wie Sie mit und in Gruppen erfolgreich arbeiten und netzwerken.

Für Fragen zu den Gruppen, zu einzelnen Funktionen und Regeln empfehle ich Ihnen die umfangreiche XING-Hilfe zu Gruppen unter *http://groups.xing.com/deutsch*.

6.4 Veranstaltungen managen: XING-Events

Vorträge, Konferenzen, Kurse, Stammtische, Gruppen-Events – die Palette an Veranstaltungen, die über XING organisiert werden, ist breit.

Besonders die Veranstaltungen, die durch regionale XING-Gruppen organisiert sind, machen immer Spaß und bringen viele neue interessante Kontakte. Sie werden aber auch viele Einladungen zu Fachveranstaltungen bis hin zu Produktvorführungen und Webinaren erhalten. Bauen Sie sich daraus selbst Ihren Event-Kalender zusammen.

Sie erreichen Die XING-Events über den Reiter EVENTS.

Wie Sie die für Sie passenden Veranstaltungstermine finden und Einladungen umgehen, erfahren Sie im Kapitel 8. Dort gebe ich Ihnen auch Tipps, wie Sie eigene Veranstaltungen erfolgreich starten.

6.5 Reputation und Employer Branding für kleine und große Unternehmen: Die XING-Unternehmensprofile

Bei XING geht es um Menschen. Deshalb sind die Profile und deren Kontaktnetzwerke auch die Kernelemente von XING. Doch 2009 kam das Unternehmen dem Wunsch vieler Mitglieder nach, sich nicht nur als Person, sondern auch mit dem eigenen Unternehmen darzustellen. Seitdem gibt es die Unternehmensprofile. Sie finden diese über den Reiter UNTERNEHMEN. Welchen Nutzen diese Mini-Webauftritte für die Unternehmen und die Nutzer (Besucher) haben, erfahren Sie in Kapitel 9.

Kapitel 7

Wissen teilen, Hilfe finden, diskutieren: XING-Gruppen

7.1 Wichtige Grundregeln für Gruppen 107
7.2 Der Nutzen von XING-Gruppen 108
7.3 Gruppen finden 110
7.4 Tipps und Tricks für die Arbeit in Gruppen 112
7.5 Eine Gruppe gründen 124

Wissen teilen, Hilfe finden, diskutieren: XING-Gruppen

Wie ich in Kapitel 6 bereits ankündigte, möchte ich intensiver auf die XING-Gruppen eingehen. Sie sind das Herzstück von XING. In mehr als 50.000 Gruppen treffen sich virtuell Menschen, um sich über ein Thema auszutauschen oder sich regional zu organisieren.

> **Hinweis**
>
> XING hat im März 2014 die Gruppen komplett neu gestaltet und sowohl optisch wie auch funktional verändert. Die Umstellung auf die »Neuen Gruppen« wird danach schrittweise erfolgen, so dass es durchaus sein kann, dass Sie die eine oder andere Gruppe noch in »Altem Gewand« vorfinden. Die Ausführungen hier beziehen sich aber bereits auf die neue Version der XING-Gruppen.

Um die für Sie persönlich geeigneten Gruppen zu finden, können Sie über den Reiter GRUPPEN und GRUPPEN FINDEN nach Gruppen, Themen und Begriffen suchen.

Bitte beachten Sie, dass viele Gruppen geschlossen sind und Sie eine kurze Begründung mit Ihrem Beitrittswunsch formulieren müssen. Die Moderatoren der Gruppe entscheiden dann, ob Sie Mitglied dieser betreffenden Gruppen werden dürfen.

Diese Beschränkung hat ihren Nutzen. Sie soll eine Gruppe »sauber halten«. So gibt es Gruppen, die thematisch so speziell sind, dass außenstehende Branchenfremde keinen Nutzen für die Gruppengemeinschaft bieten würde, weil sie an Fachdiskussionen nicht teilnehmen könnten. Andere beschränken die Mitgliedschaft auf ein regionales Einzugsgebiet. Selbstverständlich gibt es auch Unternehmens- oder Verbandsinterne Gruppen, die für Außenstehende geschlossen bleiben müssen.

Bitte nehmen Sie eine Ablehnung nicht persönlich. Die Moderatoren werden Ihnen in einer persönlichen Nachricht darlegen, warum sie Sie abgelehnt haben.

Bei offenen Gruppen ohne Zugangsbeschränkung wird Ihre Mitgliedschaft sofort nach Anfrage automatisch bestätigt und Sie dürfen dort mitwirken.

Wenn Sie in einer Gruppe aufgenommen werden, beachten Sie bitte einige Grundregeln. Zudem haben immer mehr Moderatoren eigene

Gruppenregeln (sozusagen eine Hausordnung) formuliert, die Sie unbedingt befolgen sollten. Ansonsten droht der Ausschluss.

Im Folgenden fasse ich einige Grundregeln zusammen, die Sie bei Ihren Aktivitäten in Gruppen beachten sollten.

7.1 Wichtige Grundregeln für Gruppen

Zunächst möchte ich Ihnen die Pflichten für Mitglieder in Gruppen präsentieren, die XING auf der Hilfeseite für Gruppen formuliert. Diese sollten Sie unbedingt kennen.

Pflichten von Gruppenmitgliedern:

Halten Sie sich an die Vorgaben aus unseren AGB und beachten Sie die allgemein anerkannte Netiquette.

Halten Sie sich an die Gruppenregeln, die die Moderatoren der Gruppe festgelegt haben.

Wenden Sie sich bei Fragen immer zuerst an die Moderatoren Ihrer Gruppe. Diese können bei den meisten Fragen schon direkt weiterhelfen.

Tragen Sie Konflikte nicht öffentlich in der Gruppe aus und vermeiden Sie es unbedingt, Informationen aus persönlichen Nachrichten oder aus anderen privaten Quellen zu veröffentlichen.

Halten Sie sich bei allem, was Sie in der Gruppe tun, an folgenden Grundsatz: Sie sollten es auch laut in der Öffentlichkeit sagen und persönlich vor anderen vertreten können. Ist dies nicht der Fall, sollten Sie es auch nicht schreiben.

Damit ist eigentlich schon sehr viel gesagt, was man beachten sollte. Ich möchte aber noch ein paar Dinge hinzufügen:

1. Stellen Sie sich als erstes in der neuen Gruppe vor. Das ist höflich und bringt je nach Gruppe enorme Aufmerksamkeit.
2. Gruppen sind Gemeinschaften und leben vom gegenseitigen Geben und Nehmen: Nehmen Sie nicht nur Wissen, sondern geben Sie Ihres auch weiter.

3. Diskussionen in Gruppen sind gut und erwünscht – sofern sie der Sache und dem Thema zuträglich sind. Vermeiden Sie aber unhöfliche Kritik, die andere XING-Mitglieder persönlich angreift.
4. Manchmal erfüllt eine Gruppe nicht Ihre Erwartungen – das kann passieren. Wenn Sie eine Gruppe nicht (mehr) interessiert und Sie dort nichts beizutragen haben, treten Sie bitte einfach wieder aus. Das nimmt Ihnen niemand übel.
5. Gruppen sind kein Forum für Werbung. Schreiben Sie keine Beiträge, um **nur** für sich und Ihre Produkte und Leistungen Werbung zu machen. Wenn Sie für ein Produkt Werbung machen möchten, fragen Sie die Moderatoren. Meistens ist ein wenig »Eigenwerbung« in der Vorstellung Ihrer Person und Ihres Unternehmens erlaubt. Aber keine plumpen Werbesprüche, bitte.
6. Halten Sie die Anzahl Ihrer Gruppen stets im Auge und begrenzen Sie diese unter Umständen. Wenn Sie in zu vielen Gruppen Mitglied sind, verlieren Sie den Überblick und die Lust am Mitmachen. Lieber in wenigen Gruppen aktiv mitmachen als in vielen Gruppen kaum.

7.2 Der Nutzen von XING-Gruppen

Bevor ich Sie in die Welt von über 50.000 XING-Gruppen entlasse, möchte ich Ihnen ein wenig den Nutzen dieser Gruppen näher bringen. Eigentlich ist mit dem Titel dieses Kapitels schon alles gesagt: Wissen teilen, Hilfe finden, mit Gleichgesinnten diskutieren.

7.2.1 Spaß haben und Hobbies pflegen

Auch wenn XING ein Business-Netzwerk ist, agieren dort doch Menschen. Menschen mit Hobbies, mit Interessen und mit dem Wunsch, sich mit Gleichgesinnten darüber auszutauschen. Deshalb finden Sie viele Gruppen mit eher privaten Themen rund um Sport, Kunst und Kultur, Essen, Trinken, Literatur, Reisen usw. oder regionalem Bezug.

Wenn Ihnen ein Thema zusagt, Sie z.B. ein Weinkenner, ein Hunde/Katzenliebhaber oder ein Triathlet sind, dann haben Sie dort ein offenes Forum für Ihre Fragen, Probleme oder umgekehrt Ihre Expertise.

7.2.2 Tipps und Hilfe für den beruflichen Alltag

Selbstverständlich ziehen Sie auch für Ihren beruflichen Alltag einen Nutzen aus den Gruppen. Denn bei XING finden Sie auch Fachgruppen zu Steuerrecht, zu Themen rund um Computer, Software, Netzwerke und Internet, zu Fremdsprachen, zu Führungsmethoden oder zu betrieblichem Gesundheitsmanagement. Daneben gibt es auch reine Branchengruppen, Gruppen von Organisationen und Verbänden und sogar sog. Corporate-Groups. Das sind Gruppen, die von Unternehmen z.B. für Ihre Kunden, Partner oder Lieferanten gegründet wurden und meistens geschlossen sind.

> **Beispiel**
>
> Sie haben ein Problem mit dem Büro-Netzwerk und keinen eigenen Admin? Dann versuchen doch mal die Gruppe PC HILFE UND SUPPORT. (*https://www.xing.com/net/priac3773x/pchilfe/*)

> **Beispiel**
>
> Sie haben ein Problem mit Microsoft Office, dann besuchen Sie die Gruppe OFFICE-PRODUCTIVITY (*https://www.xing.com/net/priac3773x/office-productivity*). Hierbei geht es neben technischen Hilfen auch um methodische Aspekte im Umgang mit Büro-Programmen.

> **Beispiel**
>
> Sie arbeiten mit der Lexware-Steuersoftware und wissen nicht weiter? Das Lexware-User-Forum (*https://www.xing.com/net/priac3773x/lwuf/*) hilft Ihnen hier sicher.

> **Wichtig**
>
> Denken Sie bitte stets daran, dass die Gruppen alle von der Mitarbeit ihrer Mitglieder leben. Es sind Foren, in denen diskutiert und sich gegenseitig geholfen wird. Nutzen Sie die Gruppen also nicht nur, um Wissen zu »saugen«, sondern geben Sie selbst auch Tipps und Ratschläge in die Runde, wenn jemand ein Problem hat. So machen Sie ggf. mehr auf sich aufmerksam als es jede Werbung könnte.
>
> Das heißt aber auch nicht, dass Sie sich verpflichtet fühlen müssen, jeden Tag einen Artikel mit bisher unveröffentlichtem Fachwissen zu posten.

7.2.3 Kunden gewinnen

Natürlich soll es bei Ihren XING-Aktivitäten nicht nur im Spaß und Knowhow gehen, sondern auch um wirtschaftliche Aspekte.

Sie wollen Kunden finden oder neue berufliche Kontakte knüpfen. Im Prinzip ist das relativ einfach mit Hilfe der Gruppen.

Die Zauberworte hier hin heißen: Expertise, Kompetenz und Aufmerksamkeit (in dieser Reihenfolge).

Sie treten einer Gruppe bei, die thematisch oder regional zu Ihrem Business passt. Sie stellen sich vor, beobachten die Foren und helfen anderen Mitgliedern bei Problemen. Die anderen Gruppenmitglieder werden schnell auf Sie aufmerksam, besuchen Ihr Profil (und Ihre Unternehmensseite bei XING) und erkennen, hier ist jemand, der Ahnung hat.

Ich gebe zu, dass dies in Theorie einfacher klingt als es in der Praxis ist. Es ist ja auch nur prinzipiell gedacht. Aber im Grunde ist es so. Natürlich werden Ihnen die Kunden nicht in Heerscharen hinterher laufen, wenn Sie mal in einem Forum eine Frage beantwortet haben. Das dauert seine Zeit.

Das funktioniert übrigens in Freizeit-Gruppen genauso wie in beruflichen Fachgruppen, vielleicht sogar noch besser. Denn der wirtschaftliche Hintergrund spielt in vielen Freizeit-Gruppen keine Rolle.

Sollten Sie z.B. einen Weinhandel, eine Zoohandlung oder ein Geschäft für Sportartikel betreiben – um bei den zuvor genannten Beispielen zu bleiben – könnte der eine oder andere doch mal in Ihr Geschäft oder Shop im Internet kommen, um sich umzuschauen.

7.3 Gruppen finden

Um eine geeignete Gruppe zu finden, nutzen Sie die Funktion GRUPPEN FINDEN, die Sie über den Navigationspunkt Gruppen erreichen. Eigentlich würde man an dieser Stelle ein Suchformular erwarten, das hat XING an dieser Stelle leider entfernt. Sie finden hier nur noch eine Übersicht aller Gruppen, nach verschiedenen Kriterien strukturiert. Ganz oben sehen Sie die OFFIZIELLEN XING-GRUPPEN. Dazu gehört die Gruppe XING COMMUNITY, in der Themen rund um XING selbst diskutiert werden. Dazu gehören die OFFIZIELLEN XING REGIONAL-GRUPPEN, die OFFIZIELLEN XING BRANCHEN-GRUP-

PEN und die OFFIZIELLEN XING-HOCHSCHULGRUPPEN. Die Offizielle XING Hochschul-Gruppen sind offizielle Gruppen der verschiedenen Hochschulen und werden von Vertretern einer Hochschule moderiert. Sie informieren über Events und Ereignisse auf dem entsprechenden Campus.

Um nun nach Gruppen zu recherchieren, müssen Sie zunächst eine Vorauswahl treffen und auf Schlagworte (Filter) wie THEMEN, FIRMEN oder KUNST UND KULTUR klicken. Erst dann finden Sie auf einer Folgeseite das Suchfenster. Nun können Sie nach Begriffen suchen, wobei nach Gruppen oder Beiträgen unterschieden wird. Die Auswahl Gruppen sucht im Gruppennamen, die Auswahl Beiträge sucht in Beiträgen in Gruppen.

Beispiel

Innerhalb der Vorauswahl KUNST UND KULTUR ergibt die Suche nach GARTEN eine Liste von 76 Gruppen, die den Begriff GARTEN im Namen tragen. Die Suche nach BEITRÄGEN ergibt eine Liste von 200 Beiträgen, die den Suchbegriff beinhalten.

Tipp

Wählen Sie einfach irgendein Schlagwort aus und löschen Sie dieses wieder im nächsten Fenster. So erhalten Sie eine Suchmaske, die in allen Gruppen sucht.

Klicken Sie auf das Kreuz neben der Kategorie zum löschen

Generell können Sie zusätzlich eine Filterung über die rechte Menüleiste vornehmen (z.B. nach Sprachen, Region).

7.4 Tipps und Tricks für die Arbeit in Gruppen

Wenn Sie also eine geeignete Gruppe gefunden haben, können Sie mit einem einzigen Klick dort Mitglied werden. Ggf. müssen Sie noch eine Begründung für Ihren Beitrittswunsch formulieren und auf die Freischaltung durch den Moderator warten.

Ob eine Gruppe offen oder geschlossen ist, sehen Sie rechts in der Menüleiste auf der Startseite der Gruppe.

Unterschiede zwischen offener oder geschlossener Gruppe

Mit dem Start der »Neuen Gruppen« bringt der Status einer offenen (öffentliche) oder geschlossenen Gruppe zugleich einige weitere Eigenschaften mit, die früher von den Moderatoren individuell festgelegt werden konnten.

So sind bei einer offenen Gruppe automatisch Mitglieder und Inhalte auch für Nicht-Gruppenmitglieder sichtbar (deshalb heißen die Gruppen auch öffentlich). In Suchmaschinen oder außerhalb von XING sind die Gruppen jedoch per default nicht mehr auffindbar.

Sie können sich also die anderen Gruppenmitglieder ansehen, bevor Sie selbst Mitglied werden. Machen Sie bitte unbedingt davon Gebrauch, damit Sie ein Gefühl dafür bekommen, wer sich dort aufhält. Zudem ist die Chance, dass Sie hier interessante neue Kontakte finden, riesig.

Übrigens: Auch wenn eine Gruppe offen heißt, können wie früher nur Gruppenmitglieder Beiträge schreiben oder kommentieren.

Wenn Sie in eine Gruppe eingetreten sind, schauen Sie sich zunächst bitte um.

Die neuen Gruppen sind in vier Bereich eingeteilt: BEITRÄGE, ÜBER DIESE GRUPPE, EVENTS und GRUPPENMITGLIEDER.

Die letzten drei Bereiche sind in meinen Augen selbsterklärend. In ÜBER DIESE GRUPPE finden Sie eine Detailbeschreibung zur Gruppe, bei EVENTS finden Sie Gruppenevents und bei GRUPPENMITGLIEDER eben eine Liste der Mitglieder zum Stöbern

Wichtig ist der Bereich BEITRÄGE. Dort sehen Sie eine Liste der aktivsten Beiträge aus allen Foren der Gruppe. Diese Sortierung können Sie ebenso ändern wie die Vorschau der Beiträge.

7 Wissen teilen, Hilfe finden, diskutieren: XING-Gruppen

Als erstes sollten Sie sich jedoch mit der Forenstruktur dieser Gruppe vertraut machen. Jede Gruppe hat eine eigene Struktur, die der Vorlieben der Moderatoren entspricht. Meistens finden Sie ganz oben ein Forum zur Vorstellung Ihrer Person und Ihres Unternehmens. Je nach Thema und Zielsetzung sind die weiteren Foren ganz unterschiedlich.

Wenn Sie in dem dunklen Balken mit dem Text Beiträge aus allen Foren auf den Pfeil rechts klicken, erhalten Sie die Liste aller Foren.

Liste der Foren einer Gruppe

> **Wichtig**
>
> Alle Gruppenfunktionen stehen Basis- wie Premiummitgliedern gleichermaßen zur Verfügung.

7.4.1 Themen eröffnen

Nachdem Sie einen ersten Eindruck gewonnen haben, welche Themen in dieser Gruppe von wem wie diskutiert werden, dürfen Sie gerne mitmachen.

Wie in allen Foren sind die Moderatoren darauf bedacht, Themen-Duplikate zu vermeiden. Sie können dabei aktiv mitwirken, indem Sie vor dem Verfassen eines neuen Beitrags innerhalb der Gruppe nach einem zu Ihrem passenden Schlagwort suchen. Geben Sie dazu einen Suchbegriff in das Suchfeld rechts oben ein.

Werden Sie nicht fündig, starten Sie einfach Ihr Thema.

Gehen Sie dazu auf BEITRÄGE und schreiben Sie in das Feld neben Ihrem Foto den Text.

Es öffnet sich ein Feld, in das Sie Thema und Text eintragen sowie ein Bild hochladen können.

Hierzu ein paar Tipps:

- Wählen Sie einen kurzen, aussagekräftigen Titel, der andere zum Antworten auffordert und auch innerhalb einer längeren Diskussion noch passt.
- Schreiben Sie bitte keine Bücher, sondern konzentrieren Sie sich auf Ihre Kernaussagen.
- Falls es doch mal mehr wird, dann strukturieren Sie Ihren Beitrag. Nutzen Sie Absätze und Zwischenüberschriften, damit der Text einfacher zu lesen ist.
- Verlinken Sie externe Quellen oder andere Forenbeiträge.

Anschließend wählen Sie das passende Forum aus.

> **Hinweis**
>
> Sollten Sie einmal nicht wissen, in welches Forum Ihre Frage oder Ihr Thema hinein gehört, fragen Sie bitte immer zunächst einen der Moderatoren. Ansonsten kann es vorkommen, dass ein Moderator Ihr Thema verschiebt.
>
> Sollten Sie einmal nicht wissen, ob Ihre Frage oder Ihr Thema in diese Gruppe gehört oder gegen Regeln verstößt, fragen Sie bitte immer zunächst einen der Moderatoren. Ansonsten kann es vorkommen, dass ein Moderator Ihr Thema löscht.

Sobald Ihr Thema veröffentlicht wurde, erscheint es in dem jeweiligen Forum und auf der Startseite der Gruppe ganz oben. Je nachdem, wie hoch die Beitragsfrequenz in der Gruppe ist, wandert es jedoch schnell nach unten und verschwindet ganz von der ersten Seite.

Wenn jemand auf Ihren Beitrag reagiert, erhalten Sie von XING automatisch eine Benachrichtigung per E-Mail.

7.4.2 Die richtige Vorstellung

Ihre Vorstellung in der Gruppe ist in der Regel Ihr erster Beitrag in die Runde. Viele Menschen tun sich schwer, einen kurzen und informativen Text hierfür zu verfassen.

Hier sind ein paar Leitfragen für den Text Ihrer Vorstellung, die ich in der XING-Hilfe für Gruppen gefunden habe:

1. Warum sind Sie hier?

Schildern Sie Ihre Motivation zum Beitritt und Ihren persönlichen Bezug zum Thema/Ziel der Gruppe.

2. Welche Aufgaben/Berufe/Erfahrungen haben Sie, die für Ihre Mitgliedschaft hier in der Gruppe relevant sind?

Sind Sie zum Beispiel einer Gruppe zum Thema Marketing beigetreten, ist es z.B. für die anderen Teilnehmer interessant zu wissen, welche Fachthemen Sie besonders interessieren oder zu welchen Themen Sie Erfahrungen mitbringen. Sie brauchen an dieser Stelle aber nicht Ihre einzelnen beruflichen Stationen aufführen, da diese immer auch außerhalb der Gruppe auf Ihrem Profil abrufbar sind.

3. Bieten Sie Ihrem »Publikum« einen Aufhänger, etwas zur bleibenden Erinnerung!

Das kann ein Aufmerksamkeit erregender Titel für Ihren Beitrag sein, eine besondere Geschichte, die so leicht niemand vergisst, oder einfach ein ausgefallener Beitrag, der so geschrieben ist, dass andere bei Ihrem nächsten Post denken »Ach das war doch der mit diesem tollen Beitrag neulich! Mal sehen, was er jetzt Neues geschrieben hat«.

Damit es plastischer wird, hierzu ein paar gute Beispiele:

Foren / Vorstellungsrunde /
Vorstellung und warum ich Self-Branding 2.0 als Thema meiner Thesis wählte

Beiträge 1-2 von 2

13.04.2013, 12:08

Vorstellung und warum ich Self-Branding 2.0 als Thema meiner Thesis wählte

Liebe Gruppenmitglieder,

kurz zu meine Person:

- 25 Jahre, geborener   lebhaft in
- Doppelbachelor Student im letzten Semester an der
- studiert Personalmanagement und International Business
- lebte in 6 verschiedenen Städten in den letzten 6 Jahren, davon 1,5 Jahre im Ausland
- schreibt derzeit Thesis über Self-Branding bei XING.

Aufgrund des massiven Trends des Active Sourcing via XING/Linked In und der wachsenden Bedeutung von Employer Branding habe ich mich entschieden, dass eine Seite nicht ausreichend betrachtet wird. Der Bewerber bzw. der zukünftige Bewerber: der Student.

Wie kann sich ein Bachelor Student meiner Fakultät so positionieren, dass Sie oder er von Recruitern angesprochen wird.

Ich hoffe in dieser Gruppe auf Recruiter zu treffen, die Active Sourcing bei XING als Rekrutingkanal fest etabliert haben und interessiert an einem Austausch sind.

Beste Grüße

Ein gutes Beispiel: kurz und bündig mit ausgefallenem Titel

Dieses XING-Mitglied hat sich mit einem ausgefallenen, weil unüblichen Titel vorgestellt. Alleine hierdurch hat er viel Aufmerksamkeit bekommen. Die Vorstellung selbst ist kurz und bündig und endet mit einer Intention für seine Gruppen-Mitgliedschaft bzw. eine Einladung zum offenen Austausch.

Foren / Vorstellungsrunde /
Von Bienen inspiriert...

Beiträge 1-1 von 1

04.11.2013, 07:14
Von Bienen inspiriert...

Ich bin Vernetzungsspezialistin und meine Berufung ist es, Menschen miteinander zu vernetzen: wertschätzend, effizient und mit spielerischer Leichtigkeit.

Ich habe drei Lieblingsthemen:
- XING
- Webinare: professionelle Webinarstarthilfe
- 1-2-3 ausgebucht: wie man Seminare clever vermarktet.

Mein Lieblingsnetzwerk ist XING und da könnte man ja in manchen Gruppen meinen, dass es wie in einem Bienenstock summt, so viele Beiträge und spannende Informationen fliegen in die Gruppen herein.

Ganz real summt es wirklich um mich herum, denn mein Mann ist Berufsimker in der Provence und seit ich die Bienen etwas besser kenne, weiß ich: Ein Bienenvolk ist das perfekte Netzwerk und mein Vorbild. Etwa 50.000 - 80.000 Bienen leben in einem Bienenstock und alles ist perfekt organisiert. Jede Biene leistet ihren Beitrag zur Gemeinschaft. Nicht umsonst gibt es die Bienen seit Millionen von Jahren, wobei der Mensch den Bienen heftig zusetzt, aber das ist ein anderes Thema.

Lust auf das Bienen-E-Book?

Oder 5 Praxistipps zum professionellen Webinareinstieg?

Viele Grüße von

7 Wissen teilen, Hilfe finden, diskutieren: XING-Gruppen

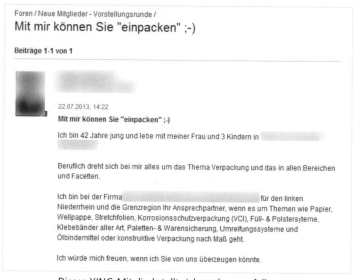

Dieses XING-Mitglied stellt sich auch ausgefallen vor

Auch wenn diese Vorstellung nicht ganz so ausgefallen ist, wie die anderen, so erfüllt sie ihren Zweck. Ein paar persönliche Informationen, Infos zum Beruf und gleich die Einladung, Geschäfte zu machen.

7.4.3 Diskussionen – Immer schön höflich

Der Sinn und Zweck der XING-Gruppen ist der Austausch zwischen den Gruppenmitgliedern. In aller Regel erhalten Sie ziemlich bald Antworten/ Kommentare auf Ihre Themen. Das ist mal mehr, mal weniger, je nach Thema. Sollten Sie gar keine Reaktionen bekommen, ist Ihr Thema vielleicht in der falschen Gruppe. Dadurch, dass Sie Ihr eigenes Thema abonniert haben, entgeht Ihnen keine Reaktion.

Manchmal werden aus Themen hitzige Diskussionen zwischen Mitgliedern, da es durchaus verschiedene Meinungen zu Themen gibt. Das ist gewünscht und jeder freut sich auf offene Worte. Beachten Sie aber auf jeden Fall die Netiquette.

- Werden Sie nie persönlich und beleidigend.
- Achten Sie die Meinung anderer, auch wenn Sie Ihnen noch so abwegig erscheint.
- Wenn Ihnen die Diskussion zu weit geht, dürfen Sie sie gerne dort beenden und den/die Diskussionspartner zu einem persönlichen (Telefon-)Gespräch einladen.

Bitte seien Sie sich bewusst, dass die Moderatoren einer Gruppe die Diskussionen im Auge haben und verpflichtet sind, beleidigende oder sonstige unseriöse Beiträge zu bearbeiten oder zu löschen. Moderatoren löschen Beiträge nicht, wenn diese lediglich eine Meinung repräsentieren, die nicht der eigenen entspricht. Sie löschen nur, wenn die Beiträge gegen die AGB von XING, nationale oder internationale Bestimmungen oder die Netiquette verstoßen.

Wird ein Beitrag bearbeitet, gelöscht oder verschoben, so wird der Verfasser darüber vom Moderator per E-Mail oder persönlicher Nachricht informiert.

7.4.4 Beiträge löschen oder melden

Neben den Moderatoren haben Sie mit Einführung der neuen Gruppen auch die Möglichkeit, Ihre eigenen Beiträge oder Kommentare jederzeit selbst zu editieren oder zu löschen.

Zudem haben Sie die Möglichkeit, einen Beitrag den Moderatoren zu melden, wenn er Ihrer Meinung nach gegen Regeln z.B. aufgrund von anstößigen Inhalten oder verletzenden Ausdrücken verstößt.

7.4.5 E-Mail Benachrichtigung

Mit den neuen Gruppen hat XING auch eine umfangreiche Benachrichtigung der Gruppenaktivitäten eingeführt. Sie können nun in Ihren Einstellungen zu Ihrem Profil festlegen, von welchen Gruppen, in denen Sie Mitglied sind, Sie Nachrichten erhalten wollen.

Dabei unterscheidet XING zwischen neuen Beiträgen und Moderator-Infos. Während Sie bei der ersten Option über **alle** neuen Beiträge informiert werden (früher Newsabonnement per RSS), werden Sie bei der zweiten Option nur über die sogenannten Moderator-Infos informiert, das sind Nachrichten der Gruppen-Moderatoren. Diese Option sollten Sie für alle Gruppen angeschaltet lassen.

Bedenken Sie aber bitte, dass Sie bei Aktivierung der Option NEUE BEITRÄGE **alle** neuen Beiträge aus diesen Gruppen als E-Mail-Nachricht erhalten. Dazu zählen nicht die Kommentare und Antworten.

7.4.6 Laden Sie Ihre Kontakte ein

Wenn Sie eine Gruppe so toll, nützlich und informativ finden, dann laden Sie doch Ihre Kontakte in die Gruppe ein. Das können Sie mit Einführung der neuen Gruppen nur noch über eine Gruppeneinladungsfunktion aus dem Profil der betreffenden Person heraus machen. Besuchen Sie dazu das Profil und klicken Sie rechts oben auf MEHR.

Laden Sie ein Mitglied aus seinem Profil heraus in eine Gruppe ein.

7.4.7 Gruppen und Werbung/SPAM

Immer wieder passiert es, dass Mitglieder in zahlreichen Gruppen eintreten und dort eine immer gleich lautende Werbebotschaft hinterlassen, egal ob diese für die Gruppe relevant ist oder nicht. XING nennt das »Crossposting«. Andere Gruppenmitglieder sind dazu angehalten, dieses Verhalten und das Mitglied zu melden, Moderatoren müssen dann verwarnen und ggf. dieses Mitglied sperren. Unterlassen Sie solche Aktivitäten bitte.

Es kommt vor, dass man z.B. Hinweise auf Veranstaltungen oder eine Bitte um Hilfe in mehreren relevanten Gruppen veröffentlichen möchte. Im Grunde könnten Sie einen fertigen Text mehrmals in den Gruppen veröffentlichen. Das ist nicht verboten. Ich rate Ihnen aber, den Text leicht zu variieren, damit Sie gar nicht erst in den Verdacht eines Crossposters kommen.

Auch das Thema Werbung ist bei XING eher schwierig. Die meisten Mitglieder reagieren auf aggressive Werbenachrichten oder pure Werbetexte in Gruppen sehr empfindlich.

Meisten finden Sie in Gruppen ein spezielles Forum, in dem Eigenwerbung erlaubt ist, z.B. Suche & Biete.

Hier können Sie ruhig mal ein wenig die Werbetrommel rühren, aber denken Sie immer vorher darüber nach, in welcher Gruppe Sie gerade sind. Werbung für die eigenen Produkte und Dienstleistungen in einer Fachgruppe, in der sich fast ausschließlich Gleichgesinnte befinden, ist eindeutig fehl am Platz.

Beispiel

Stellen Sie sich vor, Sie sind Orthopäde und Mitglied in einer geschlossenen Fachgruppe für Innovationen bei Gelenkprothesen. Dann wäre es sicher nicht ratsam, hier Ihre Kompetenz als Orthopäde zur Schau zu stellen. Vielmehr wäre den anderen Gruppenmitgliedern Ihre Kompetenz z.B. in einer neuen Operationsmethode wichtig. Und Kunden (in diesem Fall Patienten) würden Sie hier eh nicht finden.

Beispiel

Sie sind Malermeister in Köln und suchen neue Kunden. Dann könnten Sie in eine regionale XING-Gruppe für Köln eintreten. Hier haben Sie sicher die Chance, sich vorzustellen. Ggf. gibt es ein Forum für Biete & Suche. Sie könnten den anderen Mitgliedern nun Ihre Leistungen aufzählen und darstellen, wie gut Sie sind. Oder Sie bieten den Mitgliedern Ihre Hilfe an bei kleinen Malerproblemen, präsentieren stattdessen in Ihrem Portfolio viele Fotos von Referenzen und gewinnen sicher neue Kontakte und Kunden.

Was ich damit sagen möchte: Überlegen Sie sich, ob Sie mit Kompetenz, Expertise, Hilfsbereitschaft und Authentizität langfristig nicht weiter kommen als mit Werbebotschaften. Nutzen Sie lieber ein tolles Profil und Portfolio zur Präsentation Ihrer Leistungen.

7.5 Eine Gruppe gründen

Insgesamt würde das Thema »Gruppe gründen« den Umfang dieses Buches sprengen, weil es sehr viele Dinge wie Verhaltensregeln für Moderatoren, technische Informationen und Funktionen zusätzlich gibt. Vielmehr möchte ich Ihnen hier die Praxistipps zu XING-Gruppen unter *http://groups.xing.com/deutsch/inhalt-soziales/richtlinien/* ans Herz legen. Hier finden Sie alles, wie man eine Gruppe gründet, führt und moderiert.

Bedenken Sie bitte, dass die Moderation einer XING-Gruppe viel mehr Aufwand bedeutet, als nur Mitglied in einer Gruppe zu sein. Bei einer kleinen Gruppe haben Sie nur wenige Mitglieder im Auge zu halten. Bei größeren Gruppen wird das schnell unübersichtlich. Aus diesem Grund können Sie bis zu 15 weitere Moderatoren bzw. Co-Moderatoren einsetzen.

Wenn Sie eine Gruppe gründen wollen, sollten Sie vorher Erfahrung als Co-Moderator in einer anderen Gruppe sammeln.

Was spricht für eine eigene Gruppe?

Nun, es gibt schon ein paar Argumente, eine eigene Gruppe zu führen.

1. Aufbau einer themenbezogenen eigenen Community bzw. eines Fachnetzwerks.

Beispiel

Sie meinen, dass es an der Zeit wäre, eine Gruppe zum Thema »Familienpolitik« zu gründen, weil Sie dort über neue Wege und Möglichkeiten diskutieren und Gleichgesinnte finden wollen, die neue Impulse für die deutsche Familienpolitik setzen wollen.

Beispiel

Sie sind Expertin für Hypnosetherapien und sehen eine Chance, um das Thema eine Community/Fangemeinde aufzubauen.

2. Eigene Nutzergruppen um Ihr Produkt (offen oder geschlossen).

Beispiel

Sie haben eine Software entwickelt, die von vielen Unternehmen eingesetzt und von Partnern vertrieben wird. Dann könnten Sie bei XING eine offene oder geschlossene Nutzergruppe starten. Geschlossen sollte sie dann sein, wenn Sie über Innovationen oder Preise diskutieren wollen. Offen wäre besser, wenn Sie mit den Anwendern diskutieren wollen.

3. Darstellung und Verbreitung einer ganz besonderen einzigartigen Expertise.

> **Beispiel**
>
> Sie sind einer der wenigen Experten für historische Landfahrzeuge in Deutschland und wollen über eine Gruppe einen Verein deutschlandweit verwalten.

> **Wichtig**
>
> Prüfen Sie bitte zuerst, ob es nicht eine thematisch ähnliche Gruppe bereits bei XING gibt.

Entscheiden Sie sich für Ihre »eigene« Gruppe, klären Sie die zentrale Frage nach der Zielgruppe vorher. Wen möchten Sie aufnehmen, wen vielleicht nicht? Legen Sie zudem von Anfang an die Gruppen-Regeln fest.

Tipps hierzu finden Sie *http://groups.xing.com/deutsch/*.

Kapitel 8
Veranstaltungen für Networker: XING-Events

8.1 XING-Events als Teilnehmer nutzen 128
8.2 XING-Events als Veranstalter nutzen 132
8.3 Der Nutzen von Events 161

Vorträge, Konferenzen, Kurse, Stammtische, Gruppen-Events – die Palette an Veranstaltungen, die über XING organisiert werden, ist breit.

XING selbst unterscheidet zwischen drei Arten von Events:

- **Öffentliche Events**:
  Diese stehen allen XING-Mitgliedern offen, eine Einladung ist nicht notwendig. Sie können XING-Mitglieder aus Ihren Kontakten oder Gruppen, in denen Sie Moderator sind, einladen. Darüber hinaus können Sie auch Nicht-XING-Mitglieder, deren E-Mail Sie kennen, einladen.

- **Private Events:**
  Der Teilnehmerkreis ist beschränkt auf Personen, die vom Veranstalter eingeladen wurden. Dies können auch Nicht-XING-Mitglieder sein. Nur die eingeladenen Personen können das Event sehen und daran teilnehmen.

- **Gruppen-Events:**
  Hierbei handelt es sich um Veranstaltungen von XING-Gruppen, zu denen die Moderatoren der Gruppen ihre Gruppenmitglieder einladen. Gruppen-Events können privat oder öffentlich sein.

Besonders die Veranstaltungen, die durch regionale XING-Gruppen organisiert sind, bringen Ihnen viele neue interessante Kontakte. Sie werden aber auch viele Einladungen zu Fachveranstaltungen bis hin zu Produktvorführungen und Webinaren erhalten – privat oder öffentlich.

8.1 XING-Events als Teilnehmer nutzen

Wenn Sie den Reiter EVENTS auswählen, erhalten Sie von XING zunächst eine Übersicht interessanter Veranstaltungen. Dabei stützt sich XING auf zwei Erkenntnisse:

1. Veranstaltungen, an denen Ihre Kontakte teilnehmen, können für Sie ebenfalls interessant sein.
2. Veranstaltungen, die zu Ihrem Profil thematisch passen, können für Sie interessant sein.

Zudem finden Sie dort sogenannte Ambassador-Events. Das sind Events der offiziellen XING Ambassador-Gruppen, jenen Gruppen, die im offiziellen

Auftrag der XING AG aktiv sind. Es gibt mittlerweile regionale und fachliche Ambassador-Gruppen (sogenannte Xpert-Ambassador-Gruppen).

Die weitaus meisten XING-Mitglieder besuchen Veranstaltungen aber nicht, weil diese auf der Startseite empfohlen werden, sondern weil die Mitglieder von Ihren Kontakten, von anderen Mitgliedern oder aus Gruppen heraus eingeladen werden.

Natürlich ist der Blick auf eine Veranstaltung, die einer oder mehrere Ihrer Kontakte besuchen, immer sinnvoll und daher empfehlenswert.

Auch hier im Bereich Events möchte ich Ihnen lieber einige Tipps und Informationen rund um die XING-Events mitgeben als Ihnen stur die Funktionen und Vorgehensweisen zu erklären.

8.1.1 Zu XING-Events eingeladen werden

Wenn Sie eine Einladung von einem XING-Mitglied, einem Ihrer Kontakte oder aus einer Ihrer Gruppen erhalten, finden Sie diese in einer Liste hinter dem Menüpunkt EVENT-BENACHRICHTIGUNGEN (Symbol Kalender) auf der fixen Seitennavigation links. Zur besten Darstellung klicken Sie auf ALLE EVENT-BENACHRICHTIGUNGEN. Je mehr Kontakte Sie haben und je mehr Gruppen Sie angehören, desto mehr Event-Einladungen werden Sie erhalten.

Sie können diese Liste wiederum filtern nach EINLADUNGEN, ALLGEMEINE BENACHRICHTIGUNGEN, ABSAGEN, ÄNDERUNGEN VON EVENTDETAILS, TERMINVERSCHIEBUNGEN und AUSLADUNGEN.

Generell finden Sie immer die Optionen BIN DABEI und BIN NICHT DABEI auf den Schaltflächen. Sofern die Veranstalter es zulassen, können Sie auch mit VIELLEICHT zusagen, was in meinen Augen keinen Sinn macht, weil niemand etwas davon hat.

Bei kostenpflichtigen Events sehen Sie statt der Schaltfläche BIN DABEI die Option TICKET SICHERN. Dann müssen Sie sich über einen einfachen Anmeldeprozess eine Eintrittskarte für die Veranstaltung kaufen.

Gleichzeitig sehen Sie in der Liste auch alle bereits abgelaufenen Events, zu denen Sie eingeladen waren. Ich finde das sehr verwirrend, so dass ich Ihnen hier empfehle, in der Filterung nach Datum oben rechts auf die Option ZUKÜNFTIGE EVENTS umzustellen. Denn was interessieren noch vergangene Veranstaltungen.

Veranstaltungen für Networker: XING-Events

Im Anschluss melden Sie sich einfach an oder ab.

Welche Events für Sie sinnvoll und nützlich sind, müssen Sie natürlich selbst für sich entscheiden. Ich möchte Ihnen nur ein paar Tipps an die Hand geben, wie Sie mit Event-Einladungen umgehen sollten.

1. Es ist zwar etwas nervig, aber höflich: Reagieren Sie auf jede Einladung mit einer Anmeldung oder Absage. Wenn Sie die dauernden Einladungen bestimmter Gruppen oder Kontakte zu sehr nerven, sollten Sie die Event-Benachrichtigungen einfach abstellen. Das ist besser als einfach nicht zu reagieren.
2. Schauen Sie sich unbedingt die Liste der anderen Teilnehmer an. Dadurch bekommen Sie schnell einen Überblick, welche Leute dabei sein werden und wen Sie kennenlernen werden.
3. Wenn Sie zugesagt haben und nicht teilnehmen können, sollten Sie Ihren Status – sofern möglich – auf BIN NICHT DABEI ändern. Das ist ebenfalls nur höflich. Einige Veranstalter bestellen aufgrund der Zusagen Essen und Trinken. Das kann man in der Regel bis wenige Stunden vor dem Event noch ändern. Selbstverständlich hat auch die höfliche Absage ihre Grenzen.
4. Es ist gerne gesehen, neben der Abmeldung auch einen kurzen Kommentar unterhalb der Event-Beschreibung zu hinterlassen. Dabei können Sie angeben, warum Sie (so kurzfristig) nicht teilnehmen können.
5. Wenn Sie zu einem Netzwerk-Event gehen, nehmen Sie immer ausreichend Visitenkarten mit und üben Sie vorher eine Kurzvorstellung. Die werden Sie vor Ort brauchen.

8.1.2 Event-Benachrichtigungen abbestellen

Sie haben jederzeit die Möglichkeit, die Event-Benachrichtigungen von einzelnen Mitgliedern (Veranstaltern) abzubestellen und in Ihren Einstel-

XING-Events als Teilnehmer nutzen | 8.1

lungen die Benachrichtigungen von Gruppen zu deaktivieren. Wie Sie das tun, habe ich in Abschnitt 4.2.7 bzw. 4.2.9 bereits erklärt. Hier noch mal eine Zusammenfassung:

Event-Benachrichtigungen von Gruppen abbestellen

Einladungen von Gruppen können Sie aktuell nur noch über die Einstellung zu den E-MAIL BENACHRICHTIGUNGEN abbestellen. Auf der Startseite einer Gruppe, in der Sie Mitglied sind, sehen Sie oben rechts ein Zahnrad mit dem Hinweis E-MAIL BENACHRICHTIGUNGEN. Darüber gelangen Sie in Ihre Einstellungen.

XING Community
Herzlich willkommen in der XING Community - der Gruppe für alle Mitglieder auf XING! Für Fragen, Feedback & Diskussionen rund um XING.

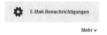

Event-Benachrichtigungen von Personen abbestellen

Um die Einladungen von einzelnen Mitgliedern abzubestellen, gehen Sie auf die Detailseite eines Events, zu dem Sie eingeladen wurden, und klicken auf den Link BENACHRICHTIGUNG UNERWÜNSCHT? oberhalb des Benachrichtigungstextes. Sie können dann zukünftige Event-Benachrichtigungen dieser Person blockieren und ggf. die Benachrichtigung selbst als Spam melden.

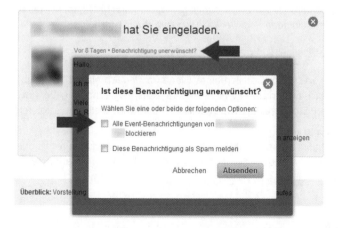

8.2 XING-Events als Veranstalter nutzen

Als XING-Mitglied haben Sie natürlich auch die Möglichkeit, eigene Events über XING zu organisieren.

Das Anlegen eines Events besteht aus nur zwei Schritten und ist in der Hilfe wie folgt sehr gut beschrieben:

> *Im ersten Schritt wählen Sie zunächst den Event-Typ aus und geben Sie die Daten zum Event ein, wie Event-Titel, die Beschreibung, Veranstaltungsort und -zeit oder den Anmeldeschluss. Zudem können Sie verschiedene Einstellungen vornehmen, etwa zur Sichtbarkeit des Events und der Gästeliste oder ob es sich um ein privates oder öffentliches Event handelt. Sie können beispielsweise auch die Anzahl der Teilnehmer beschränken oder einen abweichenden Veranstalter festlegen.*
>
> *Im zweiten Schritt können Sie Gäste zu Ihrem Event einladen. Ihre Kontakte fügen Sie einzeln oder mittels Ihrer Kategorien zur Gästeliste hinzu, Nicht-Mitglieder von XING laden Sie durch Eingabe der E-Mail-Adresse ein. Wenn Sie Moderator sind, können Sie die Mitglieder Ihrer Gruppe entweder alle auf einmal oder mittels Ihrer Kategorien zur Gästeliste hinzufügen. Das Einladen von Gästen ist optional, Sie können ein Event auch ohne Gäste anlegen und Gäste später einladen.*
>
> *Nachdem Sie ein Event angelegt haben, können Sie noch weitere Gäste einladen und die Angaben zum Event bearbeiten.*

8.2.1 Event anlegen

Der Prozess zum Erstellen eines Events ist ziemlich einfach, deshalb verzichte ich auch hier auf eine detaillierte Erklärung, sondern gebe Ihnen an einigen Stellen einige Tipps, wie Sie Ihr Event vielleicht erfolgreicher machen.

Klicken Sie zunächst auf die Schaltfläche Event organisieren rechts oben in der Ecke, nachdem Sie in den Eventbereich über die Hauptnavigation gewechselt haben.

XING-Events als Veranstalter nutzen 8.2

Arbeiten Sie sich nun durch das Formular.

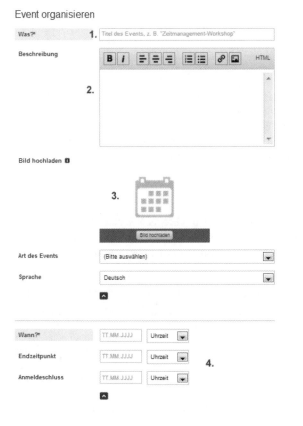

1. Titel

Der Titel der Veranstaltung ist besonders wichtig. Da die meisten XING-Mitglieder permanent und zugleich viele Event-Einladungen bekommen, muss der Titel (Name der Veranstaltung) kurz und knackig sein und das Thema genau treffen, um Aufmerksamkeit zu erzeugen.

> **Hinweis**
>
> Die Länge des Titels kann maximal 90 Zeichen betragen.

> **Beispiel**
>
> »Netzwerktreffen Frauen machen Business« sagt alles, was die mögliche Teilnehmerin wissen muss.
>
> »Lebendige Euregio: Netzwerken beim Frühstück gefällig?« ist für Teilnehmer der Region Aachen ein Begriff. Hier kennt man das Wort Euregio. Da es sich um ein Event einer Regionalgruppe aus dem Kreis Aachen handelt, ist das kein Problem.
>
> »Die Zeit im Griff« finde ich als Titel unglücklich. Hier weiß man nicht, ob es sich um ein Webinar, ein Seminar, ein Treffen oder ein Personal-Training handelt.

2. Event-Beschreibung

Es folgt die Beschreibung des Events. Versetzen Sie sich hier einfach in die Lage der potenziellen Teilnehmer und informieren Sie in der Eventbeschreibung ausführlich über Ihre Veranstaltung: Wer veranstaltet was, wann und warum.

> **Tipp**
>
> Peppen Sie die Beschreibung der Veranstaltung durch Formatierungen auf. Das Feld zur Beschreibung erlaubt HTML-Formatierungen wie fett/kursiv, rechts- und linksbündig, Aufzählungen, Spiegelstriche, Links und Bilder. Die Formatierung können Sie selbst mit dem eingestellten Editor erledigen. Für eine Standard-Veranstaltung wie ein Netzwerktreffen reicht das allemal. Wenn es sich um eine ganz wichtige Veranstaltung handelt, können Sie jemanden mit HTML-Grundlagenkenntnissen bitten, Ihnen die Beschreibung mehr aufzupeppen.

3. Bild

Das Bild sollte besser Event-Logo heißen. Dieses kleine Bildchen wird z.B. in der Suche dargestellt und soll Teilnehmer anlocken. Es ist außerdem wichtig für die Darstellung Ihres Events in der neuen App für XING-Events.

Lassen Sie sich am besten ein Bild gestalten, falls Sie selbst nicht mit Photoshop & Co. umgehen können.

Hinweis

Das Bild sollte folgende Anforderungen erfüllen:
- Dateiformat: JPG, PNG, BMP oder GIF
- Größe: max. 5 MB
- Abmessungen: mind. 240 x 180 Pixel (Breite x Höhe)
- Farbmodus: RGB (kein CMYK etc.)

Wichtig

Denken Sie daran, dass Sie die Nutzungsrechte an diesem Bild besitzen, um es hier zu veröffentlichen.

Hinweis

Das kleine Bild ist nicht zu verwechseln mit dem großen Banner. Dieser kommt später und ist Teil der neuen XING Event-Seiten.

Nur das kleine Logo links ist als Event-Bild gemeint

4. Datum und Uhrzeit

Achten Sie darauf, dass ein Event bei XING immer zeitlich begrenzt ist. Geben Sie also stets ein Start- und Enddatum an. Ein Anmeldeschluss hilft Ihnen bei Ihrer Planung, wenn z.B. Catering bestellt werden muss.

Die weiteren Felder sind deshalb selbsterklärend, weil XING Ihnen Optionen vorgibt. Geben Sie also den Veranstaltungsort und die Art der Veranstaltung ein.

Falls es sich um ein Unternehmens-Event handelt, können Sie eines der Unternehmen auswählen, für das Sie bereits ein Unternehmensprofil angelegt haben.

Falls es sich um ein Gruppen-Event handelt, können Sie zwischen den Gruppen wählen, bei denen Sie als Moderator tätig sind.

Wählen Sie keine der beiden Optionen, bleibt es bei einem persönlichen Event von Ihnen.

Diese Einstellungen sind wichtig für die Sichtbarkeit, denn Gruppen-Events haben andere Sichtbarkeits-Einstellungen.

5. Sichtbarkeit

Die Frage WER DARF DAS EVENT SEHEN? klingt zwar banal, ist aber sehr wichtig. Hier entscheiden Sie, wie weit Ihre Veranstaltung Kreise zieht.

Wie ich bereits erklärte, verändern sich bei der Entscheidung, ob es sich um eine Gruppen-Veranstaltung handelt oder nicht, die Sichtbarkeits-Optionen.

Ist der Veranstalter ein Unternehmen oder Person und keine Gruppe, so bietet Ihnen XING drei Optionen.

1. ALLE (ÖFFENTLICHES EVENT)
2. NUR XING-MITGLIEDER
3. NUR EINGELADENE PERSONEN

Wenn Sie ein öffentliches Event anlegen, ist das Event für **alle** sichtbar und auch mit Google, Bing und anderen Suchmaschinen auffindbar.

Wenn Sie das nicht wollen, müssen Sie die Sichtbarkeit einschränken und ein XING-Event daraus machen. Die Option NUR XING-MITGLIEDER bewirkt, dass auch nur eingeloggte XING-Mitglieder die Veranstaltung sehen und sich anmelden können. Zudem ist es nur mit der XING-Suche auffindbar.

Personen außerhalb von XING sehen bei Aufruf der Event-URL eine Nachricht, die besagt, dass das Event nicht existiert.

> ⚠ Dieses Event existiert leider nicht.

Für mich stellt sich allerdings die Frage, ob es einen großen Unterschied macht, ob alle Internetnutzer oder nur rund 14 Millionen XING-Mitglieder die Veranstaltung sehen können.

Die dritte Option NUR EINGELADENE PERSONEN führt dazu, dass das Event nur für Personen sichtbar ist, die Sie direkt eingeladen haben. Das können aber XING-Mitglieder und Nicht-Mitglieder sein. Diese laden Sie dann über ein E-Mail-Formular ein. Auch hier gilt: Nur diese Personen können das Event sehen und sich dann auch anmelden. Alle anderen sehen bei Aufruf der Event-URL eine Nachricht, die besagt, dass das Event nicht existiert.

> **Beispiel**
>
> Als öffentliches, für alle sichtbares und in Suchmaschinen auffindbares Event sollten Sie ein kostenloses Webinar oder eine Hausmesse anlegen, zu dem sich jeder anmelden kann oder die jeder besuchen darf. Einen kleinen Stammtisch oder eine geschlossene Schulung legen Sie selbstverständlich nur für eingeladene Personen an.

Gruppen-Event

Sollten Sie aus Ihrem Event ein Gruppen-Event machen, verändern sich die Optionen. Gruppen-Events sind z.B. alle Veranstaltungen die von einer XING-Gruppe organisiert werden: Stammtische, Gruppentreffen, gemeinsame Theaterbesuche, Ausflüge. Diese Events erfüllen zum einen den Zweck, die virtuelle Gruppe in das reale Leben zu überführen. Meistens sind es die regionalen XING-Gruppen, die sich auch im wirklichen Leben treffen. Gruppen-Events können aber auch virtuelle Events einer Fachgruppe sein, beispielsweise ein Webinar oder eine Videokonferenz.

Im Grunde könnte man denken, dass an Gruppen-Events auch nur Gruppenmitglieder teilnehmen sollten. Allerdings wollen die allermeisten Gruppen auch Mitgliederzuwachs und nutzen Events, um neue Mitglieder zu gewinnen, indem Gruppenmitglieder Gäste mitbringen oder Außenstehende auf das Event aufmerksam machen und die sich aus Interesse anmelden.

Wenn Sie für ein Event eine Gruppe als Veranstalter auswählen, in der Sie als Moderator tätig sind, entfällt bei der Sichtbarkeit automatisch die Option NUR EINGELADENE PERSONEN.

Dadurch können Sie das Event entweder für alle oder nur für XING-Mitglieder sichtbar schalten. Das Event ist dann entweder für alle Internet-Nutzer sichtbar und z.B. mit Google auffindbar oder nur für eingeloggte XING-Mitglieder sichtbar und mit der XING-Suche auffindbar. Hingegen sehen alle anderen bei Aufruf der Event-URL wieder eine Nachricht, die besagt, dass das Event nicht existiert.

Wie ich bereits erwähnte, erschließt sich mir jedoch nicht der Sinn, ein Event nur für XING-Mitglieder sichtbar zu schalten.

Damit Nicht-Gruppenmitglieder, die Ihr Event z.B. bei Google gefunden haben, an Ihrem Event teilnehmen können, sollten Sie die Zusatzoption NICHT-GRUPPENMITGLIEDER KÖNNEN AN DIESEM EVENT TEILNEHMEN aktivieren.

Sie müssen als Moderator entscheiden, ob Sie bei einem Event nur die Gruppenmitglieder selbst oder auch Fremde dabei haben wollen.

Veranstaltungen für Networker: XING-Events

> ### Beispiel
> Ihre XING-Gruppe organisiert eine Benefiz-Veranstaltung für einen guten Zweck. Dann möchten Sie möglichst viele Gäste bekommen und sollten Ihr Event für alle sichtbar schalten und die Option zur Teilnahme von Nicht-Gruppenmitgliedern aktivieren.

> ### Beispiel
> Ihre XING-Gruppe führt ein Business-Dinner mit einem hochkarätigen Referenten durch. Hier sollte die Teilnehmerliste eher erlesen bleiben. Eine öffentliche Darstellung des Events und die Teilnahme von Nicht-Gruppenmitgliedern ist nicht sinnvoll und erwünscht.

> ### Hinweis
> Als Gruppenmoderator haben Sie stets die Möglichkeit, eine angemeldete Person auch abzulehnen.

Überblick **Gästeliste (2)**

Nacht der Kultur

Ansicht: **10 Gäste pro Seite** ∨

Frank Bärmann
Menschen mit Inhalten überzeugen und mit Stories begeistern.
conpublica - Die Content-Kommunikationsagentur
Ja

frank.baermann@me.com

Veranstalter-Optionen ∨

Status zu "Nein" ändern

Teilnahme ablehnen

Ja

Sie dürfen als Veranstalter externe Teilnehmer ablehnen

Auch zu den Sichtbarkeitseinstellungen gehört die Option WER DARF DIE GÄSTELISTE SEHEN? Hier haben Sie die Auswahl zwischen ALLE XING-MITGLIEDER, NUR EINGELADENE PERSONEN oder NUR ICH ALS EDITOR.

Der Normalfall dürfte die allgemeine Sichtbarkeit der Gästeliste sein. Es gibt aber hin und wieder Events, bei denen die Gästeliste verheimlicht werden soll.

> **Beispiel**
>
> Bei einem öffentlichen Webinar mit mehreren 100 Teilnehmern wollen Teilnehmer oft nicht, dass andere Personen (z.B. der Wettbewerb) deren Teilnahme sehen. Man könnte daraus schließen, dass diese Person (oder dieser Vertreter der Firma xy) sich Wissen aneignen muss. Hier tun Sie gut daran, die Gästeliste zu verbergen. Auch bei Hausmessen sollten Sie vielleicht nicht jedem zeigen, wer dort als Gast teilnehmen wird. Im Grunde sind fast alle Events mit Business-Hintergrund in dieser Hinsicht sensibel.

6. Zusage-Optionen

Es handelt sich zwar nur um ein kleines Häkchen, dass meiner Ansicht nach aber völlig überflüssig ist. Die Option

EINGELADENE PERSONEN KÖNNEN AUCH MIT "VIELLEICHT" ANTWORTEN bedeutet, dass der Veranstalter nie genau weiß, wer wirklich zur Veranstaltung kommt. Ein Vielleicht hilft dem Teilnehmer, weil er Interesse bekundet, aber nicht verbindlich zusagen muss. Es hilft aber nicht dem Veranstalter. Lassen Sie diese Option bitte ausgeschaltet. Ein klares »Ja« oder »Nein« ist immer besser.

7. Kommentare

Diese Funktion wiederum ist meines Erachtens sehr wichtig. Denn so können sich Interessenten und Teilnehmer hier zu Wort melden. Meisten wird die Kommentarfunktion dazu genutzt, dem Veranstalter mitzuteilen, warum man nicht kann, warum sich wieder abgemeldet wird oder »dass man vielleicht kommt«. Hier richtet diese Information keinen Schaden an. Lassen Sie die Kommentare unbedingt angeschaltet.

8 Veranstaltungen für Networker: XING-Events

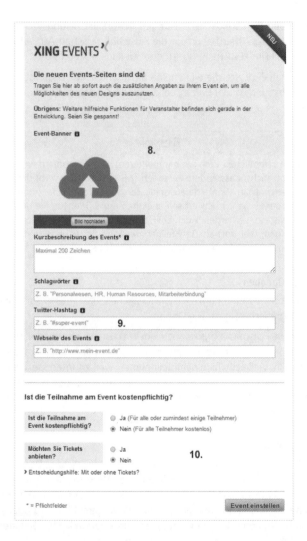

8. XING-Events

Im Herbst 2013 startete XING die neuen XING-Events, in die u.a. die XING-Tochter für Online-Eventmanagement und Ticketing *amiando* aufgegan-

XING-Events als Veranstalter nutzen 8.2

gen ist. Letztendlich geht es hier um eine noch professionellere Darstellung der Events bei XING für den Veranstalter und den Verkauf von Zusatzdienstleistungen für XING (z.B. Teilnehmermanagement und Event-Vermarktung).

Seitdem stellen sich angelegte Events bei XING in einem modernen und klaren Design dar. Hierzu gehört auch ein neuer Banner, der im Kopfbereich der Veranstaltung gezeigt wird und ein besseres Bild der Veranstaltung geben soll.

> **Hinweis**
>
> Der Event-Banner sollte folgende Anforderungen erfüllen:
> - Dateiformat: JPG, PNG, BMP oder GIF
> - Größe: max. 5 MB
> - Abmessungen: mind. 885 x 280 Pixel (Breite x Höhe)
> - Farbmodus: RGB (kein CMYK etc.)

Der Event-Banner liegt im Hintergrund und soll die Veranstaltung noch einladender machen

Der Event-Banner kann auch Informationen transportieren

Darunter beschreiben Sie Ihr Event kurz und knapp (maximal 200 Zeichen), um Besuchern Ihrer Event-Seite einen schnellen Überblick zu ermöglichen.

9. Twitter-Hashtags

Viele Veranstalter nutzen den Kurznachrichtendienst Twitter, um auf ihre Events aufmerksam zu machen und für ausreichend Verbreitung zu sorgen. Man kann durch einen sogenannten Hashtag ein Schlagwort definieren, das alle Twitternutzer, die über dieses Event schreiben, benutzten sollen. Der Begriff Hashtag setzt sich aus dem englischen Wort für das Raute-Zeichen # (hash) und dem englischen Wort für Schlagwort (tag) zusammen. Ein Hashtag ist also das #-Zeichen und ein Schlagwort. Der Zweck ist, dass man über spezielle Suchfilter im Internet nach allen Beiträgen suchen kann, die diesen Hashtag beinhalten. So kann der Veranstalter die Kommunikation über die Veranstaltung bei Twitter mitverfolgen.

Meistens werden diese Hashtags für Veranstaltungen genutzt, deren Zielgruppe bei Twitter aktiv, also sehr Social-Media-affin ist. Im Prinzip kann aber jeder Veranstalter, der ein Twitter-Konto hat, mit Hashtags arbeiten für jede Art von Veranstaltung.

> **Beispiel**
>
> Unsere Social-Media-Sprechstunde Aachen hat den Hashtag #SMS_AC. Der Twittwoch Aachen (ein offenes Community-Treffen der Twitterer in Aachen) hat den Hashtag #TWAC. Wenn die Firma Weber eine Hausmesse zum Thema Energieeffizienz durchführt, könnte der Hashtag #WEBERWAERME lauten.

Wenn Sie einen Twitter-Hashtag für dieses Event definieren wollen, können Sie ihn an dieser Stelle eingeben, um Ihre Teilnehmer darauf aufmerksam zu machen.

10. Tickets

Kostenlos oder mit Eintritt? Diese Frage stellen sich viele Veranstalter. Die Antwort kann Ihnen natürlich niemand abnehmen.

Immer dann, wenn Sie mit einem Event Geld verdienen oder zumindest die Kosten für die Durchführung auf die Teilnehmer umlegen wollen, sind Eintrittspreise, Teilnahmegebühren oder Kostenbeiträge notwendig.

XING-Events als Veranstalter nutzen 8.2

Früher war es für (kleinere) Veranstalter sehr aufwendig, im Vorfeld vor einer Veranstaltung Geld von den Teilnehmern einzusammeln. Zwar gab es professionelle Zahlungslösungen, die man in die Webseite einbinden konnte, die waren aber von den Gebühren her unerschwinglich für kleinere Veranstaltungen.

Mit dem Start des Ticketing-Dienstleisters amiando wurde dies einfacher: amiando übernimmt für die Veranstalter den Ticketverkauf, die Zahlungsabwicklung mit den Teilnehmern, das Teilnehmermanagement und sogar die Eventvermarktung. Dabei ist es völlig egal, ob Sie einen kleinen Stammtisch mit zehn Teilnehmern oder eine Großveranstaltung mit 1000 Gästen durchführen.

Seit einiger Zeit gehört amiando zur XING-Gruppe und wurde 2013 als XING-Events vollständig in die Plattform integriert. Sie können amiando entweder aus XING heraus bei der Organisation eines Events oder unabhängig von XING über die Adresse *http://de.amiando.com/* nutzen und XING außen vor lassen.

Wenn Sie sich für Tickets/Teilnahmegebühren entschieden haben, sollten Sie das Angebot von XING-Events unbedingt nutzen. Die Gebühren sind eher gering im Vergleich zu der Zeit, die Sie als Veranstalter durch das Auslagern des Ticketverkaufs und der Zahlungsabwicklung sparen.

Die Gebühr je Anmeldung beträgt aktuell 0,99 € pro Teilnehmer plus 2.95% der Teilnehmergebühr als Gebühr für die Zahlungsabwicklung. Die Preise können Sie unter *http://de.amiando.com/pricing/* nachlesen.

In diesem Fall beantworten Sie die Einstellung MÖCHTEN SIE TICKETS ANBIETEN? mit JA. Sie werden dann zu diesem XING-Events-System weiter geleitet und können aus XING heraus bequem verschiedene Ticket-Kategorien (z.B. für Kunden, Partner, Referenten, Ehrengäste), Rabatte (Frühbucher, Last-Minute, Sonderaktionen) und weitere Einstellungen vornehmen (z.B. Zahlungsarten Kreditkarte, Überweisung).

XING-Events bietet Ihnen sogar ein Einlassmanagement an. Dabei können Sie kostenlos die professionelle Einlass-Software »EasyEntry« auf einen PC installieren und am Eventabend eine Einlasskontrolle per Scanner oder Webcam durchführen. Weitere Funktionen von XING-Events finden Sie unter *http://de.amiando.com/features/*.

Ein Event im Ticketing-System anzulegen ist recht selbsterklärend, so dass ich an dieser Stelle darauf verzichten möchte.

Wenn Sie das Formular fertig ausgefüllt haben, betätigen Sie die Schaltfläche EVENT EINSTELLEN und der erste Schritt ist getan.

Nun können Sie Ihre Gäste einladen, Ihre Veranstaltung bewerben, bearbeiten, empfehlen, absagen und vieles mehr.

8.2.2 Event-Einladung

Um Gäste zu Ihrem Event einzuladen, finden Sie in der Menüleiste auf der rechten Seite Ihres Bildschirms eine Schaltfläche GÄSTE EINLADEN.

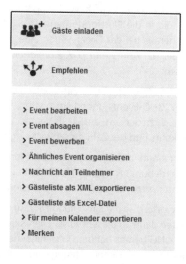

Hier haben Sie die Wahl zwischen folgenden Optionen:

- Laden Sie Ihre direkten Kontakte ein. Sie können hier gezielt einzelne Kontakte auswählen, nach Name, Firma, Ort, PLZ oder Kategorien filtern oder alle einladen.

- Laden Sie Ihre direkten Kontakte einer bestimmten Kategorie ein. XING listet Ihnen Ihre Kategorien auf und zeigt die Gesamtzahl der Kontakte, die einer Kategorie zugeordnet sind, jeweils in Klammern an.

Beispiel

Sie veranstalten ein Kundentreffen und wollen per XING nur die Kunden unter Ihren Kontakten einladen. Dann wählen Sie einzelne Kontakte gezielt aus.

Wenn Sie als Kategorie den Begriff »Kunden« eingeführt und Ihren Kunden zugeordnet haben, reicht ein Klick auf diese Kategorie. Hier macht sich die konsequente Verschlagwortung/Kategorisierung Ihrer Kontakte bezahlt.

Beispiel

Sie gehen auf eine große Messe und wollen sich mit anderen Bloggern treffen. Dann wählen Sie aus Ihren Kontakten alle aus, die als Kategorie »Blogger« erhalten haben.

Nach Kategorien macht die Einladung einfacher

- Laden Sie die Mitglieder der Gruppen ein, bei denen Sie Moderator oder Co-Moderator sind. Hier können Sie wieder entweder alle Gruppenmitglieder mit einem Klick einladen oder gezielt durch Klick auf eine oder mehrere Kategorien. Sie können Ihre Mitglieder in der Gruppen-Verwaltung nach Kategorien sortieren.

- Laden Sie Kontakte außerhalb von XING per E-Mail ein. Diese können sich für Ihr Event anmelden, ohne XING-Mitglied zu sein. Sie können hier mehrere E-Mail-Adressen durch Komma getrennt eingeben.

Beispiel

Wenn Sie zu Ihrem Kundenevent auch Kunden dabei haben wollen, die nicht bei XING sind, so können Sie diese dennoch in dieses Event dazuholen und brauchen nicht zwei Events zu pflegen. Laden Sie diese Kunden per E-Mail einfach dazu.

Hinweis

Bitte bedenken Sie:

Die besten Teilnahme-Ergebnisse erzielen Sie, wenn Sie Ihre direkten Kontakte einladen.

- Masseneinladungen werden schnell als Spam eingestuft und gemeldet.
- Zu viele Einladungen für mehrere kurz hintereinander folgende Events werden von den Empfängern oft als nervig empfunden und ignoriert.
- Nicht jede Einladung zu einem Gruppen-Event ist für jedes Gruppenmitglied relevant, z.B. wenn der Veranstaltungsort zu weit vom Wohnort entfernt ist.

Hinweis

Der Einladungstext kann max. 1000 Zeichen lang sein.

Klicken Sie nun auf Gäste einladen, den Rest erledigt XING.

Tipp

Sie können auch später noch weitere Gäste einladen. Wenn Sie sich nicht mehr sicher sind, ob Sie jemanden bereits eingeladen haben, brauchen Sie keine Angst zu haben. XING sorgt dafür, dass Sie niemanden doppelt zu einem Event einladen. Deshalb können Sie einfach z.B. alle Mitglieder einer Gruppe nochmals einladen.

8.2.3 Event bekannt machen

Nun haben Sie Ihr Event angelegt und Gäste eingeladen. Wenn Ihnen ein gewisser Prozentsatz der eingeladenen Gäste reicht, brauchen Sie nichts weiter zu tun, als die Eingeladenen noch ein oder zwei Mal zu erinnern.

Wenn Sie mehr Teilnehmer als nur die eingeladenen Gäste haben möchten, sollten Sie nicht die Hände in den Schoß legen, sondern aktiv Werbung für Ihre Veranstaltung machen.

> **Beispiel**
>
> Sie sind ein Fotograf und bieten einen Kurs für Porträt-Fotografie an. Da es sich um ein öffentliches Event handelt, an dem jeder teilnehmen kann, können Sie für Ihren Kurs die Werbetrommel rühren.

Event empfehlen

Kostenlos und einfach ist Werbung, die über Empfehlungen geht. XING bietet Ihnen die Möglichkeit, Ihr Event entweder über eine Mitteilung **an Ihr gesamtes Netzwerk** oder als persönliche Mitteilung **an einzelne Kontakte** zu bewerben.

Diese Funktion finden Sie über die Schaltfläche EMPFEHLEN, direkt unter GÄSTE EINLADEN.

Event bewerben

XING bietet neuerdings Event-Anzeigen. Durch eine individuell gestaltete Anzeige sollen Sie potenzielle Interessenten für Ihre Events noch direkter erreichen.

Dazu bietet man Ihnen drei attraktive Anzeigenpakete der Größen S, M und XL an. Die Preise richten sich nach der maximalen Menge der gewünschten Einblendungen. Da sich die Preise für die Pakete immer wieder ändern werden, gebe ich Ihnen nur ein Beispiel.

Beispiel

Im Paket S kosten max.124.167 Einblendungen 149,- EURO zzgl. MwSt. Das ergibt einen Preis pro Einblendung von 0,0012 EURO.

Im Paket XL kosten 1.099.000 Einblendungen genau 1099,- EURO zzgl. MwSt., der Preis pro Einblendung beträgt nur noch 0,001 EURO. Wenn Sie lieber ein eigenes Budget vorgeben möchten, wählen Sie die Option »Flex«. Das Minimalbudget beträgt 100,- EURO.

Wichtig

Sie zahlen immer nur die tatsächlich verbrauchten Einblendungen. Ihre Kosten werden nie die Höhe des gewählten Pakets übersteigen, allerdings in der Regel auch nicht unterschreiten.

Innerhalb der Anzeigenerstellung haben Sie die Möglichkeit, Ihre Anzeigenzielgruppe – also diejenigen, die für Ihr Event interessant sind und die diese Anzeige sehen soll – einzugrenzen. XING zeigt Ihnen dann sofort, wie groß Ihre potenzielle Zielgruppe ist.

Beispiel

So können Sie nur Teilnehmer aus NRW oder Bayern einladen, nur IT-Affine oder Handwerker aus Hamburg.

XING-Events als Veranstalter nutzen 8.2

Legen Sie fest, wer Ihre Anzeige sehen soll

Der Gestaltung der Anzeige sind – ähnlich der Anzeigengestaltung bei Google Adwords und Facebook Ads – enge Grenzen gesetzt.

Zum Bearbeiten der Anzeige klicken Sie direkt in die Anzeige (Symbol Stift).

Veranstaltungen für Networker: XING-Events

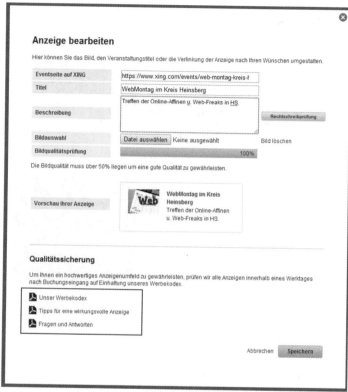

Bearbeiten Sie das Eventbild und die Texte direkt im Anzeigen-Editor

Wichtig
Am Fußende des Fensters sehen Sie drei PDF-Dateien zum Download. Diese sollten Sie sich unbedingt durchlesen. Dort erfahren Sie, wie groß die Bilddatei sein darf, wie viel Platz Sie für die Texte haben usw.

Zuletzt legen Sie noch die Laufzeit der Anzeigenschaltung fest.

> **Beispiel**
>
> Wenn Ihre Zielgruppe 50.000 XING-Mitglieder umfasst, kann die Anzeige im Paket S durchschnittlich 2,48-mal pro Mitglied eingeblendet werden. Tatsächlich ist die Häufigkeit der Einblendungen bei Mitgliedern unterschiedlich. Am Ende werden die gebuchten 124.167 sich annähernd ausgereizt sein.

Im folgenden Schritt müssen Sie Ihre Zahlungsdaten und Ihre Rechnungsanschrift angeben und dann kann es losgehen.

> **Hinweis**
>
> XING rechnet nicht automatisch über die Bankverbindung der Mitgliedschaftsbeiträge ab. Es handelt sich um eine gesonderte Vertragsbeziehung, bei der Sie Ihre Rechnungs- und Zahlungsdaten angeben müssen.

Nach Aktivierung der Anzeige erhalten Sie eine Bestätigungs-E-Mail von XING mit dem Hinweis, dass die Anzeige redaktionell überprüft wird. Nach dieser Überprüfung und Freigabe der Anzeige durch XING erhalten Sie erneut eine E-Mail-Benachrichtigung. Danach können Sie sofort den Fortschritt der Kampagne im Kampagnenmanager beobachten. Sie sehen, wie oft die Anzeige eingeblendet und wie oft darauf geklickt wurde. Die Zielpersonen werden bei Klick auf Ihre Event-Seite geleitet und können sich da ggf. anmelden.

Sie fragen sich vielleicht, wo Ihre Anzeige eingeblendet wird.

Ihre Anzeige erscheint auf der Startseite der von Ihnen festgelegten Anzeigenzielgruppe. Zudem erscheint sie auf der Startseite des Event-Bereichs und über der Ergebnisliste der Eventsuche dieser Personen.

8 Veranstaltungen für Networker: XING-Events

Die Anzeige unter der Suchmaske im Eventbereich

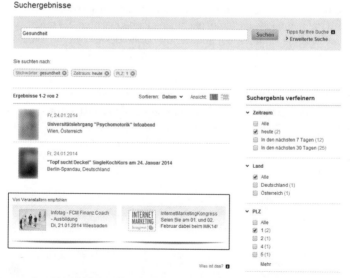

Die Anzeige unter den Suchergebnissen im Eventbereich

8.2.4 Event managen

Selbstverständlich haben Sie bis zum Start des Events die Chance, die Inhalte und Informationen zu ändern, neue Gäste einzuladen, eine Nachricht an die Teilnehmer, an alle Eingeladenen oder diejenigen, die sich noch nicht angemeldet haben, zu senden und auch das Event abzusagen.

Zudem können Sie sich jederzeit die Teilnehmerliste auf Ihren Rechner runterladen und z.B. in Excel importieren.

Event bearbeiten

Über die Schaltfläche EVENT BEARBEITEN gelangen Sie wieder in die Eingabemaske und können nun Uhrzeit, Beschreibung, Sichtbarkeit etc. verändern.

> **Hinweis**
>
> Wenn Sie ein Event als Gruppen-Event angelegt haben, können Sie diese Einstellung nicht mehr verändern.

Je nachdem, was Sie geändert haben, können oder sollten Sie die Teilnehmer darüber informieren. XING bietet Ihnen dazu einen Hinweis mit einem Link an.

Nachricht an Teilnehmer

Nachdem Sie ein Event angelegt haben, können Sie maximal 5 weitere Nachrichten pro Event verschicken. Dabei haben Sie die Wahl, ob Sie eine Nachricht an die Teilnehmer, an die Eingeladenen, die sich noch nicht angemeldet haben (unbeantwortet) oder an beide Gruppen senden wollen. Wenn Sie die Option EINGELADENE PERSONEN KÖNNEN AUCH MIT "VIELLEICHT" ANTWORTEN zugelassen haben, kommt diese Gruppe bei den Optionen dazu.

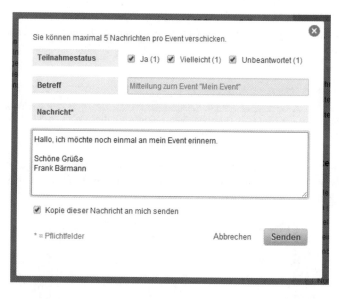

Anlässe für solche Nachrichten können z.B. eine Erinnerung an die Nicht-Angemeldeten, Programmänderungen oder Hinweise zur Anreise oder zum Parken für die Angemeldeten sein.

Hinweis

Die Nachrichten über Veränderungen im Event, z.B. neue Anfangszeiten, zählen nicht zu den maximal 5 Nachrichten.

Tipp

Nerven Sie diejenigen, die sich *nicht* angemeldet haben, nicht mit mehreren Erinnerungen hintereinander. Maximal zwei Erinnerungen sind noch ok, besser ist eine Erinnerung kurz vor dem Event. Wer an dem Event teilnehmen möchte, wird sich auch anmelden. Erledigen Sie solche Nachfragen bitte persönlich oder am Telefon.

Teilnehmerstatus nachträglich ändern

Es kann durchaus vorkommen, dass Sie den Status von Gästen selbst ändern müssen. Das ist z.B. der Fall, wenn Ihnen Gäste offline (z.B. telefonisch) zu- oder abgesagt haben, dann können Sie für diese Personen in der Gästeliste den jeweiligen Status entsprechend ändern. Im Einzelfall können Sie Gäste auch ausladen.

Wichtig

Bei Events mit Ticketverkauf ist es wichtig, dass die korrekte Zahl an Teilnehmern und verfügbaren Tickets gezählt wird. Daher ist es bei Events nicht möglich, den Status der Teilnehmer manuell zu ändern, wenn diese kein Ticket erworben haben.

Theoretisch haben Sie anders herum auch die Möglichkeit, als Veranstalter eine Absage in eine Zusage umzuwandeln. Das könnte der Fall sein, wenn Sie jemand telefonisch darüber in Kenntnis setzt, dass er doch kommt. In diesem Fall wird der Eingeladene allerdings von XING benachrichtigt und muss die »Zusage« bestätigen.

Event absagen

Ein Event abzusagen, das Sie bereits angelegt haben, ist im Grunde mit ein bis zwei Klicks erledigt – je nachdem, ob es bereits Teilnehmer gibt oder nicht.

Gibt es noch keine Teilnehmer, erscheint nach Betätigen der Schaltfläche EVENT ABSAGEN nur noch ein Fenster, das eine Bestätigung für die Absage verlangt.

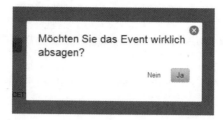

Wenn es bereits angemeldete Teilnehmer gibt, müssen Sie diese natürlich über die Absage informieren. Deshalb erscheint nach Betätigen der Schaltfläche EVENT ABSAGEN ein Fenster, das Ihnen die Möglichkeit gibt, den Teilnehmern eine Nachricht zu senden.

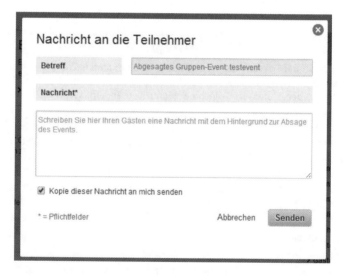

Etwas problematischer wird die Absage, wenn Sie im Vorfeld Tickets verkauft haben. Hier müssen Sie sich an den Kundenservice von XING-Events wenden und die Eintrittsgelder zurückzahlen lassen, was in jedem Fall zu Gebühren führt.

Gästeliste erkunden

Damit Sie ständig auf dem Laufenden sind, was Ihre Teilnehmer angeht, können Sie Ihre Gästeliste in XING verwalten.

Dazu wechseln Sie im Event-Bereich auf den Reiter GÄSTELISTE neben dem Reiter ÜBERBLICK. Sie erhalten nun eine Liste der angemeldeten Teilnehmer. Rechts in der Navigation können Sie nun filtern, ob Sie

- alle eingeladenen Personen (Option ALLE AUSWÄHLEN)
- nur die angemeldeten (Option JA)
- nur die abgesagt haben (Option NEIN)
- nur die mit vielleicht geantwortet haben (Option VIELLEICHT) oder
- nur diejenigen, die sich noch gar nicht entschieden haben (Option UNBEANTWORTET)

sehen wollen. Natürlich sind auch Kombinationen möglich. Zudem können Sie Ihre eigenen Kontakte rausfiltern (Option NUR MEINE KONTAKTE).

In dem Feld darunter finden Sie mehrere Sortiermöglichkeiten nach Name, Vorname, Firma oder Relevanz. Das Kriterium »Relevanz« können Sie auswählen, um in Ihrer eigenen oder einer anderen Gästeliste XING-Mitglieder zu finden, die auf der Basis von Gemeinsamkeiten zu Ihrem Profil passen könnten. Schließlich muss nicht jeder Gast eines Ihrer Events immer zugleich Ihr Kontakt sein.

> **Hinweis**
>
> Nur, wenn der Veranstalter eines Events diese Option nicht ausgeschlossen hat, können Sie die Gästeliste von Events anderer Veranstalter einsehen und sortieren. Diese Einstellung wird in den Sichtbarkeitseinstellungen der Gästeliste definiert (WER DARF DIE GÄSTELISTE SEHEN?). Sie sehen allerdings nur die Teilnehmer und vielleicht teilnehmende Teilnehmer. Eingeladene, die mit Nein oder gar nicht geantwortet haben, bleiben Ihnen aus nachvollziehbaren Gründen verborgen.

> **Tipp**
>
> Schauen Sie sich ruhig die Gästeliste von Events an, zu denen Sie eingeladen sind. Das macht Ihnen die Entscheidung für »Ja« oder »Nein« leichter.

Gästeliste exportieren

XING bietet Ihnen neben der internen Teilnehmer- oder Gästeverwaltung die Möglichkeit, die Gästeliste jederzeit zu exportieren und auf Ihrem Rechner zu bearbeiten.

Neben dem heutigen Standardexport für Microsoft Excel gibt es das spezielle Datenformat XML. XML wird für den plattformunabhängigen Austausch von Daten zwischen Computersystemen eingesetzt. Die von XING erzeugte XML-Datei können Sie in viele Programme wieder importieren, z.B. in Open-Source-Tabellenkalkulationen.

Wenn Sie Microsoft Excel nutzen, nutzen Sie einfach die Schaltfläche GÄSTELISTE ALS EXCEL-DATEI. XING generiert für Sie eine xls-Datei, die Sie abspeichern und direkt in Excel wieder öffnen können. Wenn Sie ein anderes Tabellenprogramm nutzen, könnte es sein, dass diese auch Microsoft-

Excel-Dateien öffnen oder importieren kann. Ansonsten nutzen Sie die XML-Datei. Dazu wählen Sie die Schaltfläche GÄSTELISTE ALS XML EXPORTIEREN. Öffnen Sie dann eine leere Tabelle in Ihrem Programm und importieren Sie die runtergeladene XML-Datei.

Nun können Sie Ihre Gästeliste nach Belieben verwalten, sortieren, filtern und ausdrucken.

8.3 Der Nutzen von Events

Veranstaltungen, wie sie bei XING angeboten werden, dienen im Allgemeinen der Wissenserweiterung (z.B. Seminare, Kongresse, Messen, Vorträge) oder dem persönlichen real-life-Networking. Dabei lernen sich Menschen persönlich kennen, die sich vielleicht schon länger virtuell kennen oder sich völlig fremd sind (ähnlich einem Dating).

Als Unternehmer/Freiberufler können Sie über XING Termine für Veranstaltungen, die Sie sowieso durchführen würden, schnell und einfach anlegen und Ihre Kontakten, andere Mitglieder einer Gruppe oder viele Menschen in und außerhalb von XING dazu einladen. Selbst Werbung für Events geht bei XING kinderleicht.

Nutzen Sie XING-Events z.B. für

- Veranstaltungen in Ihrem Unternehmen (z.B. Hausmessen, Tag der offenen Tür)
- Produktvorführen an einem speziellen Ort
- Ihre Expertenvorträge
- Networking-Veranstaltungen oder
- Webinare

Kapitel 9

Unternehmen stellen sich vor: Die XING-Unternehmensprofile

- **9.1** Die Idee der Unternehmensprofile 164
- **9.2** Unternehmensprofil anlegen........................... 165
- **9.3** Unternehmensprofil füllen und ausbauen 169
- **9.4** Unternehmensprofile aus Sicht der Nutzer 178

Bei XING geht es um Menschen. Deshalb sind die Profile und deren Kontaktnetzwerke auch die Kernelemente von XING. Doch 2009 kam das Unternehmen dem Wunsch vieler Mitglieder nach, sich nicht nur als Person, sondern auch mit dem eigenen Unternehmen darzustellen. Seitdem gibt es die Unternehmensprofile. Welchen Nutzen diese Mini-Webauftritte für Unternehmen und Nutzer (Besucher) haben, erfahren Sie im Folgenden.

9.1 Die Idee der Unternehmensprofile

Unternehmensprofile wurden von XING eingeführt, damit sich auch Unternehmen dort im Netzwerk präsentieren können.

Wichtigstes Einsatzgebiet der Unternehmensprofile ist der Bereich »Employer Branding«. Wenn Ihr Unternehmen Mitarbeiter sucht, kommen Sie heute nicht drum herum, im Internet zu fischen. Und um über das Internet neue Mitarbeiter zu finden, müssen Sie einerseits Stellenanzeigen schalten, aber auch als attraktiver Arbeitgeber bekannt sein. Arbeitgeber-Attraktivität definiert sich heute nicht mehr nur über hohe Gehälter, Dienstwagen und viel Urlaub, sondern z.B. über die Unternehmenskultur, Transparenz, Offenheit und Work-Life-Balance. Die Bewerber wollen einfach mehr wissen über das Unternehmen, an das sie sich ggf. für viele Jahre beruflich binden. Sie wollen aber auch wissen, wer dort bereits arbeitet. Und genau für diese Themen sind die Unternehmensprofile ideal.

Findet ein Jobsuchender Ihre Stellenanzeige, kann er mit wenigen Klicks das Profil Ihres Unternehmens, die Mitarbeiter, die Neuigkeiten und je nach Profilpaket auch Videos, Bilder und Bewertungen anschauen. Das ist ideale Transparenz.

Aber auch für alle anderen Business-Zwecke sind die Unternehmensprofile sinnvoll und nützlich, weil Sie dort Ihr Unternehmen Ihrem Zielpublikum vorstellen können.

Sie können Ihr Unternehmensprofil z.B. als PR-Kanal nutzen und dort Ihre Pressemitteilungen veröffentlichen oder – ganz einfach per automatischer Anbindung – Ihre Twitter-Nachrichten. Sie können Kunden bzw. potenzielle Kunden über neue Produkte, Dienstleistungen, Sonderaktionen und Rabatte informieren und über Ihr Unternehmensprofil Leads für Ihren Verkauf generieren.

Besonders für kleine Unternehmen und Freiberufler kann das XING-Unternehmensprofil eine Alternative zur eigenen Website darstellen.

9.2 Unternehmensprofil anlegen

In Abschnitt 4.2.8 bin ich bereits auf das Anlegen eines Unternehmensprofils kurz eingegangen.

Um zu prüfen, ob für Ihr Unternehmen bereits ein Unternehmensprofil angelegt worden ist, gehen Sie entweder über das Hauptmenü oben und die Schaltfläche UNTERNEHMEN und wählen die Option IHRE UNTERNEHMEN oder Sie klicken innerhalb der fixen Seitennavigation auf das kleine Logo mit dem Gebäude, das Unternehmen heißt.

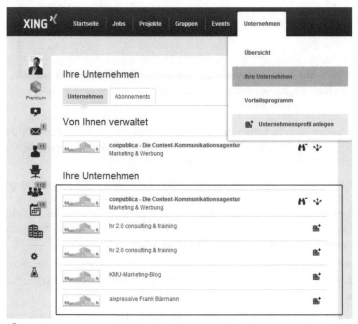

Über die Hauptnavigation gelangen Sie zu der Liste aller Unternehmen, für die Sie ein Profil anlegen könnten

9 Unternehmen stellen sich vor: Die XING-Unternehmensprofile

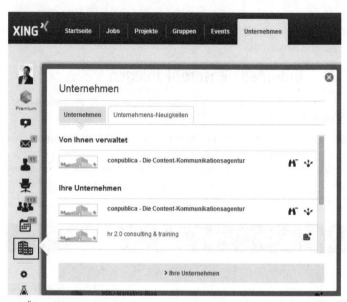

Über die fixe Seitennavigation gelangen Sie auch zu der Liste aller Unternehmen, für die Sie ein Profil anlegen könnten

In beiden Fällen erhalten Sie eine Liste der Unternehmen, die Ihrem Profil aktuell zugordnet sind (d.h. bei dem Sie aktuell arbeiten) und für die Sie ein Unternehmensprofil anlegen können.

In den meisten Fällen sollte das ein Unternehmen sein. Wenn Sie aber meinen Rat befolgt haben und einzelne Tätigkeiten z.B. als Trainer, Autor, Zeichner, Blogger, Podcaster, Texter und Kontakter in Ihr Profil als aktuelle berufliche Station eingetragen haben, erscheinen diese Tätigkeiten auch als eigenes Unternehmen (vgl. Abschnitt 3.3.2).

Nun haben Sie mehrere Möglichkeiten, ein Unternehmensprofil für eines dieser Unternehmen anzulegen. Bei jeder dieser Möglichkeiten klicken Sie auf das Logo des Gebäudes mit einem Plus 🏢⁺.

1. Gehen Sie über die Hauptnavigation und den Punkt UNTERNEHMEN und wählen Sie UNTERNEHMENSPROFIL ANLEGEN aus.
2. Klicken Sie auf das Logo 🏢⁺ jeweils in der Liste der angebotenen Unternehmen.

9.2 Unternehmensprofil anlegen

3. Gehen Sie über die Hauptnavigation und den Punkt UNTERNEHMEN und wählen Sie IHRE UNTERNEHMEN aus. Rechts oben finden Sie ebenfalls die Schaltfläche UNTERNEHMENSPROFIL anlegen.

Sie werden dann auf eine Seite geleitet, die Ihnen sehr reizvoll und mit vielen Argumenten gespickt das Employer Branding-Profil von XING und der XING-Tochter *kununu* (Arbeitgeberbewertungen) ans Herz legen. Dieses ist für mittlere und große Unternehmen, die aktiv Recruiting im Web betreiben, sinnvoll. Es handelt sich dabei um eine höchstprofessionelle Darstellung eines Unternehmens mit Videos, Bewertungen, Newsbereich usw. Der Preis für das komplette Employer Branding-Profil beginnt allerdings bei 395 € im Monat für Unternehmen mit einer Mitarbeiterzahl von 1 bis 199 Mitarbeitern. Unternehmen mit mehr als 5000 Mitarbeitern zahlen hierfür bereits 1.095 €. Das ist die Obergrenze.

Weiter unten auf dieser Seite finden Sie das Gratisprofil für Minimalisten. Dieses bietet einige der Grundfunktionen des Employer Branding-Profils.

Unternehmen stellen sich vor: Die XING-Unternehmensprofile

> **Hinweis**
>
> Wenn Sie mit einem Gratisprofil starten wollen oder bereits eines besitzen und dieses zu einem Employer Branding-Profil aufwerten möchten, schreiben Sie bitte eine E-Mail an unternehmensprofile@xing.com.

Wenn Sie auf GRATISPROFIL ANLEGEN klicken, können Sie auf der nächsten Seite auswählen, für welches der Ihnen zugeordneten Unternehmen Sie das Profil anlegen möchten. Zudem bestätigen Sie auf dieser Seite, dass Sie zur Buchung des Unternehmensprofils berechtigt sind und die AGB für XING-Unternehmensprofile akzeptieren.

Dann ist es vollbracht und Sie können Ihr Unternehmensprofil füllen.

Exkurs: Wer darf und soll ein Unternehmensprofil anlegen?

Diese Frage klingt auf den ersten Blick banal, ist sie jedoch nicht, und zwar in zweifacher Hinsicht.

Zunächst einmal geht es darum, wer ein Profil für ein Unternehmen anlegen darf. Wie ich in Abschnitt 4.2.8 bereits andeutete kann zunächst einmal jeder, der in der Berufserfahrung einen aktuellen Arbeitgeber eingetragen hat, für dieses auch ein Unternehmensprofil erstellen. Dass das keinen praktischen Sinn macht, wird wohl jeder verstehen.

XING führt hier keine Filterung durch, bei der z.B. alle Mitglieder, die nicht den Status Geschäftsführer/Inhaber oder Vorstandsmitglied haben, erst gar keine Berechtigung zum Anlegen eines Profils erhalten. Man sichert sich lediglich durch eine explizite Bestätigung ab, dass die Person zur Buchung des Unternehmensprofils berechtigt ist.

Unternehmen müssen also selbst dafür sorgen, dass die richtigen Personen das Unternehmensprofil anlegen.

Damit kommen wir zu der Frage, wer ein Unternehmensprofil anlegen sollte. Denn wer es sollte, darf es auch. Denn der/diejenige hat dann auch die erforderliche Berechtigung.

Warum ist die Entscheidung denn so wichtig?

Diejenige Person, die ein Unternehmensprofil anlegt, ist auch Haupt-Editor dieses Profils, muss sich also auch darum kümmern. Und das möchte in den wenigsten Fällen der Chef selbst tun. Es macht also Sinn, die für Personal oder Marketing verantwortliche Person in Ihrem Unternehmen mit dem Anlegen und Verwalten des Profils zu beauftragen.

Tipp
Wenn Sie wissen möchten, wer ein Unternehmensprofil pflegt, können Sie das im Unternehmensprofil unterhalb der Unternehmensdetails erkennen.

Wichtig
Für Ihr BASIS-Unternehmensprofil können Sie nur einen Editor (Haupt-Editor) eintragen. Sie können allerdings jederzeit den Editor ändern. Bedenken Sie aber, dass Sie dies nicht mehr rückgängig machen können, weil Sie die entsprechenden Rechte damit abgegeben haben. Beim Employer Branding-Profil können Sie mehrere Editoren gleichzeitig einsetzen. Dies erledigt XING allerdings für Sie, nachdem Sie dorthin eine Nachricht gesendet haben.

Tipp
Wenn Sie nicht selbst Ihr Unternehmensprofil pflegen wollen und keinen geeignete(n) Mitarbeiter(in) haben, können Sie auch eine Agentur als Editor für Ihr Unternehmensprofil einsetzen. Dazu schreiben Sie eine Nachricht über das XING-Kontaktformular unter
https://www.xing.com/help/kontakt-3.

9.3 Unternehmensprofil füllen und ausbauen

Seit Neugestaltung der Unternehmensprofile gliedert sich das Unternehmensprofil wie das Personenprofil in einen Kopfbereich und einen Hauptbereich.

9 Unternehmen stellen sich vor: Die XING-Unternehmensprofile

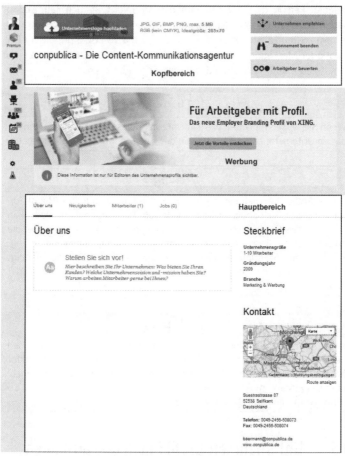

Wie beim Personenprofil unterscheidet XING zwischen Kopfbereich und Hauptbereich

Kopfbereich

Im Kopfbereich sollten Sie als erstes Ihr Firmenlogo hochladen. Die Idealgröße für das Bild im Kopfbereich beträgt 285 x 70 Pixel (B x H). Kleinere

Bilder werden mittig auf weißem Hintergrund platziert, größere skaliert (Seitenverhältnis wird beibehalten).

Die beim alten Layout noch angezeigten weiteren Informationen zum Unternehmen wie Adresse usw. sind in den Hauptbereich gewandert.

Neu sind hingegen die Anzeige von eventuell vorhandenen Arbeitgeberbewertungen sowie mehrere Schaltflächen für Aktionen von Besuchern.

> **Hinweis**
>
> Bewertungen werden erst angezeigt, wenn welche vorhanden sind. Vorher bleibt der Bereich leer.

Beispiele eines ausgefüllten Kopfbereichs mit und ohne Bewertungen

Hauptbereich

In den Hauptbereich sind die vier Reiter ÜBER UNS, NEUIGKEITEN, MITARBEITER und JOBS gerutscht. Der Reiter BEWERTUNGEN erscheint erst, wenn mindestens eine Arbeitgeberbewertung abgegeben wurde.

9.3.1 Über uns

Der wichtigste Bereich ist ÜBER UNS im ersten Reiter. Das ist wie das persönliche Profil Ihr Aushängeschild. Ähnlich wie auf Ihrer Internetseite können Sie an dieser Stelle dem Besucher über Ihr Unternehmen erzählen.

9 Unternehmen stellen sich vor: Die XING-Unternehmensprofile

Zudem finden Sie hier nun die Kontaktdaten als Unternehmenssteckbrief und ganz unten die Angabe, wer dieses Profil pflegt. Die Informationen im Steckbrief sollten Sie unbedingt ausfüllen und stets aktuell halten. Fahren Sie mit der Maus über den Bereich und Sie sehen ein Icon zum Bearbeiten.

Hier werden alle wichtigen Unternehmensinformationen gesammelt dargestellt

Daneben können Sie ähnlich wie bei Ihrem Profil oder bei Event-Beschreibungen einen Text erstellen, der in kurzer und informativer Form Ihr Unternehmen darstellt. Sie können auch hier wieder mit Hilfe des Editors Formatierungen wie fett, kursiv und Aufzählungen nutzen. Durch Links zu externen Seiten können Sie den Leser natürlich auch auf Ihre Webseite oder Ihr Blog leiten oder ein PDF einbinden.

Wenn Sie das Employer Branding-Profil gebucht haben, erhalten Sie zudem die Möglichkeit, multimediale Elemente wie Videos, Bilder und Präsentationen einzubinden.

> **Wichtig**
>
> Beachten Sie den Hinweis von XING am Ende des Eingabefeldes zum Impressum. Auch ich empfehle Ihnen, einen Link zum Impressum auf Ihrer Webseite zu setzen zusammen mit dem eindeutigen Begriff Impressum.

> **Hinweis**
>
> Laut XING ist demnächst ein eigener Impressumsreiter geplant.

9.3.2 Neuigkeiten

Ähnlich der Statusmeldungen auf Ihrer Startseite können Sie für Ihre Unternehmen an dieser Stelle Unternehmens-Neuigkeiten eintragen. So wie Ihre Kontakte den Empfang Ihrer Statusmeldungen mit Annahme der Kontaktanfrage quasi abonniert haben, so können andere XING-Mitglieder Ihre Unternehmens-Neuigkeiten hier abonnieren. Andersherum heißt das: Keine Abonnenten, keine Empfänger.

> **Hinweis**
>
> Ihre eigenen Mitarbeiter müssen Ihre Seite nicht abonnieren. Denn die Mitarbeiter, die bereits auf XING sind, folgen automatisch Ihren Unternehmensneuigkeiten. Falls gewünscht kann jeder Ihrer Mitarbeiter das Abonnement natürlich auch wieder selbst beenden.

Sie sollten also von Anfang an regelmäßig (mindestens alle zwei Wochen) dort eine kurze News publizieren. Sie werden sehen, wie schnell Sie neue

Abonnenten bekommen. Die Regelmäßigkeit sorgt dafür, dass Sie bei Ihren Abonnenten auf dem Schirm bleiben und nicht in Vergessenheit geraten.

Die Neuigkeiten müssen keine langen Texte sein. Es reichen kurze Statusmeldungen über neue Releases, Projekte, Mitarbeiter etc. Wenn Sie bereits Erfahrung haben mit Facebook & Co., dürfte Ihnen das Finden von Themen und das Schreiben kurzer News nicht mehr schwer fallen.

Hinweis

Der Platz für die Überschrift ist zwar nicht begrenzt, Sie sollten aber kurze und prägnante Schlagzeilen nutzen. Der Beitrag selber kann 1200 Zeichen lang sein und es kann ein Link hinterlegt werden.

Tipp

Fragen Sie Ihre Mitarbeiter, ob Sie nicht Ihr Unternehmensprofil an deren Kontakte weiterempfehlen. So erhalten Sie mehr Reichweite und schneller neue Abonnenten. Ein Klick auf die Empfehlungsfunktion reicht aus.

Tipp

Wenn Sie über ein Konto bei Twitter oder Facebook verfügen und Sie diese mit Ihrem persönlichen Profil verknüpft haben, können Sie Ihre Unternehmens-Neuigkeiten auch dort veröffentlichen.

Hinweis

Die Abonnenten Ihres Unternehmensprofils sind transparent. Jeder bei XING kann sehen, wer welche Seite abonniert hat, Sie auch.

9.3.3 Bewertungen

Wenn Sie von einem Ihrer Mitarbeiter eine Arbeitgeberbewertung bei kununu erhalten haben, wird ein weiterer Reiter im Kopfbereich sichtbar.

Dahinter verbergen sich die optisch aufbereiteten Bewertungen in umgekehrt chronologischer Reihenfolge.

Unternehmensprofil füllen und ausbauen — 9.3

Über uns   Neuigkeiten   **Bewertungen**   Mitarbeiter (20)   Jobs (0)

Mitarbeitervorteile

Flexible Arbeitszeiten   Homeoffice   Kantine   Essenszulagen   Kinderbetreuung

Betr. Altersversorgung   Barrierefreiheit   Gesundheitsmaßnahmen   Betriebsarzt   Coaching

⌄ Alles anzeigen

Die Arbeitgeber-Bewertung im Detail

Bewertung	Wert	Kategorie
★ ★ ★ ★ ★	4,24	Mittelwert dieser Branche: **3,41**
★ ★ ★ ★ ★	4,67	Vorgesetztenverhalten
★ ★ ★ ★ ★	4,33	Kollegenzusammenhalt
★ ★ ★ ★ ★	4,33	Interessante Aufgaben
★ ★ ★ ★ ★	4,50	Arbeitsatmosphäre
★ ★ ★ ★ ★	4,22	Interne Kommunikation

⌄ Alles anzeigen

Erfahrungsberichte von Mitarbeitern

Neueste zuerst ⌄

★ ★ ★ ★ ★   4.8   Vor 28 Tagen

Tolles junges Unternehmen in dem man sich einbringen kann

Pro:
- Es wird auf das Wohl des Arbeitnehmers geachtet
- Die Arbeit macht Spaß und motiviert
- Viel Austausch und Kommunikation

Vorgesetztenverhalten: Sehr offene Kommunikation. Diplomatischer und freundlicher Umgang. Tägliche Begrüßung jedes Mitarbeite...

Diese Arbeitgeberbewertungen sind eine wichtige Informationsquelle für potenzielle Bewerber. Gute Bewertungen helfen Ihnen beim Aufbau eines guten Arbeitgeberimage, aus schlechten Bewertungen können Sie lernen.

> **Hinweis**
>
> Sie können schlechte Bewertungen **nicht** löschen lassen oder dagegen angehen. Leben Sie damit, reagieren Sie und lernen Sie daraus als Arbeitgeber.

> **Hinweis**
>
> Die Arbeitgeberbewertungen sind Bestandteil jedes Profils, egal ob Gratisprofil oder Employer Branding-Profil.

9.3.4 Mitarbeiter

Hinter dem Reiter MITARBEITER verbirgt sich die Liste Ihrer Mitarbeiter, die bei XING angemeldet sind. Diese wird von XING automatisch erstellt und aktualisiert. Voraussetzung dafür ist erstens, dass der Name Ihres Unternehmensprofils mit dem Firmennamen im persönlichen Profil genau übereinstimmt (vgl. Abschnitt 3.3.1 Kopfbereich). Durch die Verknüpfung wird auf den Firmennamen in Ihrem Profil ein Link auf die Unternehmensseite gelegt und Sie werden in der Liste der Mitarbeiter auf der Unternehmensseite aufgeführt.

Sollte ein(e) Mitarbeiter(in) Mitglied bei XING sein und nicht in der Liste angezeigt werden, so kann das (laut XING) mehrere Ursachen haben, die Sie überprüfen (lassen) sollten:

1. Der Firmenname ist nicht komplett identisch geschrieben.
2. Der/die Mitarbeiter(in) hat als Status »Student« eingetragen.
3. Neben dem Firmeneintrag in den Berufserfahrungen steht nicht »bis heute« (der/die Mitarbeiterin wäre damit gar nicht aktuell bei Ihnen beschäftigt).

Es ist natürlich für Ihr Unternehmen wichtig, dass alle Mitarbeiter bei XING dort aufgelistet sind. Das gilt nicht nur für die Außendarstellung, sondern auch nach innen. Nur die Mitarbeiter, die mit Ihrem Profil verknüpft sind, erhalten auch die Neuigkeiten. Zudem gehören sie rein gefühlsmäßig nicht zum Unternehmen.

9.3.5 Jobs

Hinter dem Reiter JOBS verbirgt sich eine Liste derjenigen Stellenanzeigen, die Sie in der Rubrik »Jobs« (vgl. Abschnitt 6.1) eingestellt haben.

9.3.6 Einstellungen für Ihr Unternehmensprofil

Oben über dem Kopfbereich finden Sie einen Hinweis EINSTELLUNGEN, über die Sie einigen Einstellungen für Ihr Unternehmensprofil vornehmen können. Zum einen befinden sich da die ALLGEMEINEN EINSTELLUNGEN, zum anderen die EDITORENVERWALTUNG.

In den allgemeinen Einstellungen legen Sie fest, ob Ihr Unternehmensprofil für Suchmaschinen auffindbar und für Nicht-XING-Mitglieder sichtbar sein soll. Zudem geben Sie hier Ihre Unternehmens-Neuigkeiten für Kommentare frei.

Sichtbarkeit in Suchmaschinen

Wenn Ihr Unternehmensprofil nicht auf Google, Bing oder Yahoo gefunden wird, dann sind Sie außerhalb von XING unsichtbar. Stellen Sie also sicher, dass Ihr Unternehmensprofil von Suchmaschinen gefunden wird und setzen Sie ein Häkchen unter DIESES UNTERNEHMENSPROFIL SOLL FÜR SUCHMASCHINEN AUFFINDBAR UND FÜR NICHT-XING-MITGLIEDER SICHTBAR SEIN.

Auch die Kommentarfunktion ist wichtig. Sie wissen, dass das die Akzeptanz von Feedback und Meinungen anderer heute essentiell wichtig ist für die Kommunikations- und Dialogbereitschaft eines Unternehmens. Zeigen Sie, dass Sie für Dialoge, Lob und Kritik offen sind.

Editorenverwaltung

An dieser Stelle können Sie andere XING-Mitglieder zum Haupteditor Ihres Unternehmensprofils machen.

9 Unternehmen stellen sich vor: Die XING-Unternehmensprofile

9.4 Unternehmensprofile aus Sicht der Nutzer

Nicht nur aus Sicht der Unternehmen bieten die Unternehmensprofile einen echten Nutzen. Jedes XING-Mitglied kann sich über jedes Unternehmen, das bei XING ein Profil hat, informieren – aus welchem Grund auch immer.

9.4.1 Unternehmen suchen und finden

Wie bei den Jobs gelangen Sie bei Klick auf den Reiter UNTERNEHMEN zunächst auf die Übersicht der Unternehmen bei XING. Hier finden Sie eine einfache und eine erweiterte Suchmaske (Anmerkung: Diese erweiterte Suchmaske ist für Basis- und Premium-Mitglieder gleich), eine Vorschlagsliste interessanter Unternehmen, eine Lister alle Unternehmen nach Branchen, die meistbesuchten Unternehmen sowie die letzten Neuzugänge.

Besonders interessant ist dabei, dass Sie bei den Unternehmen, die Sie interessieren könnten, zugleich diejenigen Ihrer Kontakte angezeigt bekommen, die dort die Neuigkeiten abonniert haben. Hier wird die soziale Komponente der Empfehlungen sichtbar.

Wenn Sie sich für ein Unternehmensprofil interessieren, klicken Sie einfach auf den Namen. Dann dürfen Sie stöbern und die Neuigkeiten abonnieren, dieses Unternehmen als Arbeitgeber bewerten (falls Sie irgendwann dort gearbeitet haben) und das Unternehmen Ihrem Netzwerk empfehlen.

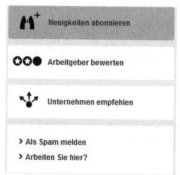

Diese Aktionen stehen Ihnen als Besucher eines Unternehmensprofils immer zur Verfügung

> **Wichtig**
>
> Sollten Sie aktuell für dieses Unternehmen arbeiten und nicht in der Mitarbeiterliste erscheinen, klicken Sie auf ARBEITEN SIE HIER? Sie sehen dann ein Fenster mit einer Beschreibung, was Sie genau tun müssen, um dort gelistet zu werden.

> **Hinweis**
>
> In der Start-Übersicht haben Sie jederzeit im Blick, welche Abonnements Sie selbst aktiviert haben. Diese werden Ihnen rechts in der Menüleiste angezeigt.
>
> Wenn Sie auf WEITERE ABONNIERTE UNTERNEHMEN klicken, landen Sie auf einer Gesamtübersicht Ihrer Abos. Hier können Sie durch Klick auf das Logo mit dem Fernglas einzelne Abos beenden.

9.4.2 Bewertungen abgeben

Sollten Sie irgendwann einmal für ein Unternehmen, das bei XING ein Profil führt, gearbeitet haben, so können Sie dort mit wenigen Klicks eine Arbeitgeberbewertung abgeben.

Klicken Sie dazu auf ARBEITGEBER BEWERTEN und Sie werden auf die Arbeitgeberbewertungsplattform kununu weitergeleitet.

Kapitel 10
Nützliche Programme und Apps

10.1 Programme und Anwendungen aus dem Hause XING. 182

10.2 Programme und Werkzeuge von Drittanbietern 186

10.3 Die mobilen Apps 189

Lange Zeit wurde XING für die strikte Abschottung gegenüber Dritt-Programmen, Anwendungen und Plattformen kritisiert. Im Jahre 2012 wurde das Netzwerk nach außen geöffnet, so dass kleine Programme und Dienste, auch von Drittanbietern entstehen konnten. Zudem hat XING selbst den Schritt in die Welt der mobilen Endgeräte getan, zunächst für Smartphones, später auch für Tablet-PCs.

Sicher ist die Vielfalt an Werkzeugen, Programmen und Apps riesig. Ich möchte Ihnen hier nur einige vorstellen, die vielleicht nützlich sein könnten.

10.1 Programme und Anwendungen aus dem Hause XING

Unter *https://www.xing.com/app/user?op=downloads* finden Sie eine Übersicht der Programme und Werkzeuge aus dem Hause XING.

10.1.1 XING Outlook Connector für Microsoft Outlook

Der kostenlose XING Outlook Connector sorgt dafür, dass Ihre XING-Kontakte immer direkt in Outlook auf dem aktuellen Stand zur Verfügung stehen.

Das Programm muss auf Ihren PC geladen und installiert werden. Sie müssen mindestens Outlook 2003 oder neuer verwenden und Windows XP, Windows 7 oder Windows 8 als Betriebssystem.

Nach der Installation des XING Outlook Connectors stellen Sie innerhalb von Outlook nur noch eine Verbindung mit Ihrem XING-Benutzerkonto her. Danach wird in Ihren Outlook-Kontakten ein neuer Ordner für Ihre XING-Kontakte angelegt. Darin werden alle aus XING importierten Kontakte mit den entsprechenden Kontaktdaten gespeichert. Wenn Sie nun einen XING-Kontakt in Outlook öffnen, können Sie nicht nur alle aktuellen Kontaktdaten sehen, sondern auch die Aktivitäten des jeweiligen Kontakts in XING nachverfolgen.

Mit dem XING Outlook Connector können Sie übrigens auch ganz bequem direkt aus Outlook eine Kontaktanfrage senden.

Alle Details und die genaue Beschreibung finden Sie unter *https://outlook.xing.com/index_de.html*.

Zur Installation müssen Sie die Datei über die Schaltfläche JETZT HERUNTERLADEN auf Ihren Rechner laden und dort die .exe-Datei ausführen.

Ihr Nutzen

Wer viel mit Microsoft Outlook arbeitet, kann viele Aktivitäten dorthin verlagern. Man muss sich nicht ständig einloggen. So können Sie z.B. direkt aus Outlook heraus E-Mails an Ihre XING-Kontakte senden, sofern diese Ihnen Ihre E-Mail-Adressen auf XING freigegeben haben. Auch haben Sie immer die aktuellen Kontaktdaten griffbereit.

10.1.2 XING Toolbar

In einer Kooperation mit den Entwicklern von *Conduit* ist ein nützliches Werkzeug für den Webbrowser entstanden: die kostenlose XING Toolbar. Damit können Sie jederzeit die wichtigsten XING-Funktionen über Ihren Internet Browser bedienen, ohne sich extra auf XING einloggen zu müssen.

So sehen Sie sofort, wenn neue Kontaktanfragen oder neue Nachrichten vorliegen. Praktisch ist beispielsweise, dass Sie über die Toolbar auch Statusnachrichten eingeben können.

Die XING Toolbar läuft nach Angaben von XING zurzeit nur mit dem Internet Explorer 6 bis 9, Firefox 3.0, 3.5 und 3.6. Mehr zur Toolbar finden Sie unter *http://downloadmytoolbar.com/Xing/download_Deutsch.html*.

Zur Installation müssen Sie die Datei über die Schaltfläche JETZT TOOLBAR INSTALLIEREN auf Ihren Rechner laden und dort die .exe-Datei ausführen.

Ihr Nutzen

Nützliche Toolbar, mit der Sie Ihr XING-Profil mitsamt der Statusnachrichten, Kontaktanfragen und Besucher vom Browser aus im Blick haben. Eine weitere Toolbar im Browser schränkt das Hauptfenster im Browser jedoch ein und kann schnell nervig werden. Probieren Sie es aus.

10.1.3 XING Quickfinder-Plugin

Auch diese XING-Erweiterung für Browser gibt es aktuell nur für den Firefox-Browser. Das ist schade, weil die Idee wirklich gut ist. Wenn Sie im Web unterwegs sind, können Sie mit Ihrer Maus die Namen von Personen oder Firmen markieren und per Klick mit der rechten Maustaste (Kontextmenü) direkt in XING wieder finden.

Es wäre toll, wenn dieses Plugin auch für andere Browser angeboten würde.

Zur Installation müssen Sie die Datei über die Schaltfläche DOWNLOAD auf Ihren Rechner laden und über den Firefox-Browser installieren.

Ihr Nutzen

Auf jeder Seite können Sie mit einem Rechtsklick Personen und Firmen suchen. Die Idee ist gut, die Anwendung in der Praxis ist ein wenig nervig, weil sehr oft nur Nachnamen auf den Webseiten genannt werden, mit denen Sie nichts anfangen können. Suchen Sie mal nach »Schröder«.

10.1.4 XING-Searchbox

Mit der XING-Searchbox installieren Sie XING als weitere Suchmaschine in Ihren Browser. Damit können Sie über ein Suchfeld im Browser nach XING-Mitgliedern suchen, statt in XING selbst die Suche aufzurufen.

Wichtig
Sie müssen trotzdem bei XING angemeldet sein, um Ergebnisse Ihrer Suche angezeigt zu bekommen.

Programme und Anwendungen aus dem Hause XING | 10.1

Für die Installation müssen Sie aus dem Mozilla Firefox oder Internet Explorer heraus die Seite *https://www.xing.com/app/user?op=downloads* aufrufen und die Schaltfläche INSTALLIEREN bei der XING-Searchbox ausführen. Der Browser fragt Sie dann, ob XING zur Liste der verfügbaren Suchmaschinen hinzugefügt werden soll und ob Sie die aktuelle Suchmaschine (in der Regel ist das heute Google) ersetzen wollen.

Nachdem Sie HINZUFÜGEN geklickt haben, erscheint das XING-Suchfeld in der Liste der Suchmaschinen, im Firefox rechts oben in der Ecke. Wenn Sie die aktuelle Suchmaschine nicht gleich ersetzt haben, können Sie über das Dropdown Menü XING auswählen. Wenn Sie nun einen Namen eingeben, erhalten Sie die gleichen Suchergebnisse als wenn Sie die Suche bei XING selbst ausgeführt hätten.

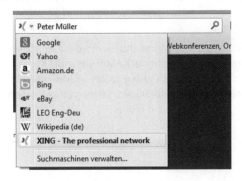

Ihr Nutzen

Kaum Nutzen, weil man die Suchmaschine erst umstellen muss, sonst suchen Sie immer in XING. Für mich ist es Spielerei.

10.2 Programme und Werkzeuge von Drittanbietern

XING hat 2012 eine Programmierschnittstelle (API) geöffnet, über die Entwickler auf ausgewählte Bestandteile der XING-Plattform zugreifen und diese in andere Programme oder Webseiten integrieren können. So sind viele weitere Anwendungen und Programme entstanden.

Einen aktuellen Überblick finden Sie unter
https://dev.xing.com/showcases.

10.2.1 XiButler

Eine Software, die mir immer wieder begegnet, ist der XiButler (*http://www.xibutler.com*).

XiButler ist eine käuflich zu erwerbende Software, die Sie auf Ihrem PC installieren und mit Ihrem XING-Konto verbinden. Danach werden auf Knopfdruck automatisch neue XING-Kontakte generiert. Die Software schreibt dazu im Hintergrund täglich 100 personalisierte Kontaktanfragen an andere XING-Mitglieder, z.B. an alle, die Ihr Profil besucht haben oder an alle Mitglieder einer Gruppe, die Sie auswählen. Diese Kontaktanfragen sehen nicht aus wie Massenmails, sondern sind personalisiert, also ans Thema angepasst.

Auch wenn ein Großteil der Angeschriebenen diese Anfragen ablehnen, so nehmen immer noch genügend XING-Mitglieder die Kontaktanfragen an. Nicht angenommene werden wenig später wieder gelöscht, so dass der Weg frei ist für neue Kontaktanfragen. So wird Ihr persönliches Netzwerk bei XING allmählich größer und größer

Ihr Nutzen

Wenn Sie sich für die Strategie Masse statt Klasse entschieden haben und ganz viele Kontakte haben wollen (vgl. Abschnitt 5.1), sind Sie mit XiButler ideal ausgestattet.

Die Software kümmert sich übrigens auch um Ihre bestehenden Kontakte: So werden beispielsweise die Geburtstage Ihrer Mitglieder ausgelesen (sofern freigegeben) und Geburtstagskindern automatisch gratuliert.

10.2.2 Lebenslauf.com

Ein ganz witziges und kostenloses Werkzeug ist lebenslauf.com. Dort können Sie online einen Lebenslauf mit Ihren Daten aus dem XING-Profil füttern, die Daten bearbeiten und z.B. anschließend als PDF abspeichern.

Ihr Nutzen

Einen Lebenslauf erstellen war nie einfacher.

10.2.3 XING als Kachel für Windows 8

Vielleicht wissen Sie, dass Windows mit der Version 8 ein Kacheldesign eingeführt hat, das auf allen Geräten gleich aussieht. Für diese »Live-Kacheln«, auch interaktive Kacheln genannt, haben gleich zwei Anbieter eigene Apps entwickelt.

CONNECT.8 FOR XING bringt viele XING-Funktionen auf alle Windows 8 Geräte (Tablet und PC) und zeigt Ihnen z.b. die aktuellen Informationen zu Profilbesuchern, Geburtstagen und Kontaktanfragen – selbst dann, wenn die App selbst nicht im Vordergrund aktiv ist. Sie können aus dieser App heraus Kontaktanfragen stellen und aus allen Windows-8-Apps, die mit Kontakten arbeiten, mit Ihren XING-Kontakten kommunizieren sowie über die Windows-8-Suche Ihre XING-Kontakte finden.

Mehr zu Connect.8 for XING finden Sie unter *http://bit.ly/xing_app1*, die App ist kostenlos.

Fast die gleichen Funktionen bietet Ihnen PORTAL FÜR XING. Diese App gibt es als kostenlose Basisversion und als Premiumversion für 2,99 EUR. Dann ist die Anwendung werbefrei und mit Zusatzfunktionen ausgestattet. In der Premium Version können Sie z.B. Neuigkeiten teilen/kommentieren und »gefällt mir« äußern.

PORTAL FÜR XING finden Sie unter *http://bit.ly/1gFVYUi*.

Ihr Nutzen

Mit diesen Apps macht XING auf Windows 8 richtig Spaß. Im Prinzip müssen Sie XING selbst gar nicht mehr besuchen.

10.2.4 XING Integration for Salesforce

Eine spezielle Anwendung für diejenigen, die mit Salesforce als CRM-Lösung arbeiten, bietet CONNECT FOR XING. Mit diesem Werkzeug können Sie Ihr XING-Netzwerk mit Salesforce.com verbinden. So suchen Sie gezielt nach neuen Geschäftspartnern, laden hilfreiche Informationen zu Ihren Kontakten und Leads in Salesforce.com und haben immer aktuelle Kontaktinformationen parat.

CONNECT FOR XING kostet 6.90 EUR pro Nutzer und Monat.
Mehr Informationen finden Sie unter *http://bit.ly/xing_app3*.

Ihr Nutzen

Perfektes Zusammenspiel von XING und Salesforce.com.

10.3 Die mobilen Apps

Auch XING will und kann sich nicht vor dem Mobile-Trend verschließen und entwickelte mobile Apps für Smartphones und später auch für Tablet-PCs. Dazu gibt es eine mobile Version der Webseite. Die Apps sind zurzeit für iOS, Android und Windows Phone verfügbar, wobei beim Apple-System zwischen iPhone und iPad unterschieden wird. Die Windows-Phone-Version wurde von Zühlke Engineering entwickelt und entstand in enger Kooperation mit XING und Microsoft.

Eine Übersicht der Apps mit den Downloadlinks finden Sie unter *https://www.xing.com/mobile*.

Erst im Januar 2014 wurde die XING EVENTS App gestartet, die sich auf die Veranstaltungen bei XING fokussiert.

10.3.1 Die XING App

Die XING App bietet im Prinzip die meisten Grundfunktionen, die Sie von XING im Web kennen. Sie können beispielsweise Statusnachrichten Ihrer Kontakte (Neuigkeiten) lesen, Nachrichten und Kontaktelisten verwalten, Jobempfehlungen lesen, Kontaktanfragen stellen und beantworten und Besucher Ihres Profils sehen.

Bei der Android- und iPhone-App gibt es zudem eine witzige Handshake-Funktion und einen Visitenkartenleser.

Die Handshake-Funktion findet nach Aktivierung auf Ihrem Gerät andere XING-Mitglieder, die sich in Ihrer unmittelbaren Umgebung befinden, sofern diese auch die Funktion aktiviert haben. So können Sie sich zum Beispiel auf einer Messe ganz schnell und einfach mit Ihrem Gegenüber vernetzen.

Mit dem Visitenkartenleser können Sie gleich die Karte Ihres Gesprächspartners einscannen und als XING-Kontakt einfügen. Die App liest die Daten aus dem Fotografierten Bild aus, vergleicht sie mit der Datenbank der XING-Mitglieder und sagt Ihnen, ob die Person bereits Mitglied ist oder nicht. Falls nein, dürfen Sie die Person gerne direkt einladen, falls ja, können Sie sich mit ihr vernetzen.

Insgesamt sind die Versionen für iOS und Android sehr ähnlich.

Android und Apple sind im Grunde sehr ähnlich (links iOS, rechts Android)

Bei den Tablet-Versionen setzt XING in der Android-Welt die gleiche App ein wie bei Smartphones. Die iPad-Version kam erst 2013 und bietet eigentlich nur Grundfunktionen und vor allem weniger als das Android-Pendant. So hat die iPad-Version keine Handshake-Funktion und keinen Visitenkartenleser, die Android-Tablet-Version sehr wohl.

Die mobile Version für den Browser ist deutlich funktioneller als die eigene iPad-App von XING

Ihr Nutzen

Die Smartphone-App gehört für mich zur Grundausstattung, um mobil alle Kontakte und Informationen griffbereit zu haben und zwischendurch mal schnell das Netzwerk zu prüfen.

Die iPad App ist Nice-to-have, weil man es nicht immer dabei hat und die mobile Version von XING im Browser einfach besser ist.

10.3.2 XING Events

Mit der neuen App XING EVENTS können Sie auf alle Events, die in XING angelegt werden, mobil zugreifen. Sie können dort aktiv nach Events suchen, sich dort an- oder abmelden, mit anderen Teilnehmern in Kontakt treten und Ihre selbst angelegten Events überprüfen. Natürlich sind viele Funktionen im Vergleich zur Webversion eingeschränkt. Das Anlegen eines Events geht z.B. gar nicht.

Ihr Nutzen

Einfacher und schneller Zugriff auf XING-Events. Die App war lange überfällig, da Events bei den XING-Apps ganz außen vor waren.

10.3.3 XING-Adressbuch auf dem iPhone

Die App XBook bringt Ihre XING-Kontakte als Adressbuch auf das iPhone. Damit haben Sie direkten und schnellen Zugriff auf Ihre XING-Kontakte direkt aus der App heraus. Mit einem Fingertipp stellen Sie z.B. ein Telefonat her. Zudem können Sie die XING-Kontakte direkt ins iPhone-Adressbuch übernehmen oder vorhandene Daten damit aktualisieren.

Die App gibt es nur für iPhone, sie ist kostenlos.

Ihr Nutzen

Schneller und einfacher Zugriff auf die XING-Kontakte auf dem iPhone. Die Suche nach Telefonnummern oder E-Mail-Adressen in der XING-App hat ein Ende.

Kapitel 11
Datenschutz und Privatsphäre

11.1 Datenschutz 194
11.2 Privatsphäre 197

11 Datenschutz und Privatsphäre

Wenn wir über Internetplattformen und soziale Netzwerke reden, sollten unweigerlich die Themen Datenschutz und Privatsphäre auf der Agenda stehen. Viel zu häufig lesen und hören wir, dass persönliche Daten von Nutzern durch Betreiber von Plattformen und Netzwerken weitergegeben oder ausspioniert wurden. Die oft als Datenkrake bezeichnete Suchmaschine Google speichert einfach alles, was wir im Netz ausgehend von Google tun oder lassen. Grund genug, diesen Themen ein eigenes Kapitel in dem Buch über XING zu widmen. Wie steht es bei XING mit dem Schutz der persönlichen Daten und der Privatsphäre?

11.1 Datenschutz

XING ist ein deutsches Netzwerk und der Betreiber, die XING AG, ein deutsches Unternehmen. Es gilt also das wohl strengste Datenschutzrecht der Welt. Von daher können Sie zunächst einmal davon ausgehen, dass deutsche Datenschützer dem Netzwerk ziemlich streng auf die Finger schauen und das Unternehmen besonders stark daran interessiert ist, nicht gegen geltendes deutsches Recht zu verstoßen. Ich persönlich denke, dass es kein soziales Netzwerke gibt, das sorgfältiger mit Ihren Daten umgeht als XING. Nur beweisen kann ich Ihnen das nicht.

Um Ihnen dies deutlich zu machen, habe mich bei XING in den FAQ und im Internet umgeschaut.

11.1.1 Datensicherheit

Die Benutzung der Plattform XING erfolgt über eine sichere 128-Bit-SSL-Verschlüsselung. Dies ist dieselbe Verschlüsselungsmethode, die z.B. auch Banken für das Online-Banking verwenden. Die gesamte Plattform ist damit standardmäßig verschlüsselt. Zudem stehen alle von XING verwendeten Server in Deutschland.

11.1.2 Umgang mit persönlichen Daten

In den Datenschutzbestimmungen von XING finden Sie folgende Formulierung:

XING erhebt, verarbeitet und nutzt Ihre personenbezogenen Daten unter Einhaltung der Datenschutzgesetze der Bundesrepublik Deutschland und der Datenschutzbestimmungen der Europäischen Union.

XING nutzt Ihre personenbezogenen Daten ausschließlich, um Ihnen die Inanspruchnahme der registrierungspflichtigen Internet-Dienste von XING zu ermöglichen. In keinem Fall wird XING Ihre personenbezogenen Daten zu Werbe- oder Marketingzwecken oder unbefugt zu anderen Zwecken Dritten übermitteln (das heißt zum Beispiel zur Kenntnis geben oder weitergeben).

Die gesamte Bestimmung finden Sie unter *https://www.xing.com/privacy*.

Selbstverständlich geben Sie bei XING viele personenbezogene Daten an, die dort gespeichert und verwertet werden, um Ihnen einen größtmöglichen Nutzen zu bieten. So findet das Matching für Kontaktvorschläge, für Vorschläge zu Events oder Jobs mit Hilfe Ihrer Daten statt. Auch die Auslieferung der Werbung geht nicht ohne Ihre Daten.

Neben XING bieten Partnerunternehmen Zusatzleistungen wie Apps oder Softwarelösungen an. Diese erhalten Zugriff auf einen Teil Ihrer Daten. Die Partner müssen sich aber zuvor bei XING registrieren lassen und einen Vertrag mit XING schließen, in dem die Rechte und Pflichten der Parteien geregelt werden. Insbesondere müssen sich die Partner mit Beschränkungen hinsichtlich des Zugangs, der Speicherung und der Nutzung personenbezogener Daten einverstanden erklären.

Laut eigener Aussage gibt XING keine personenbezogenen Daten an sogenannte Vorteilsangebote-Partner weiter.

Sonderfall Adressbuch-Abgleich

Sie erhalten über einen Adressbuch-Abgleich die Möglichkeit, Ihre Adressbücher auf dem PC z.B. aus Outlook oder Lotus Notes oder bei E-Mail-Diensten wie z.B. Web.de, GMX oder Googlemail mit Ihrem XING-Netzwerk abzugleichen. So finden Sie einfach heraus, wer von Ihren Kollegen, Geschäftspartner, Bekannten und Freunde bereits auf XING registriert sind.

Hier garantiert XING Ihnen, die Daten Ihrer Adressbücher nur zum einmaligen Abgleich zu speichern und dann anschließend wieder zu löschen. Zum Schutz Ihrer Daten wendet XING stets die aktuellsten Datenschutz- und Verschlüsselungstechnologien an.

11.1.3 Einstellungen zum Datenschutz

Die Nutzung von Netzwerken, Plattformen und Online-Shops verlangt aber auch viel Eigenverantwortung. XING kann sich zwar selbst verpflichten, Ihre Daten soweit wie möglich zu schützen, Sie selbst sollten aber auch nicht fahrlässig damit umgehen.

Für mehr Datensicherheit sorgen Sie z.B. durch ein sicheres Passwort bei den Zugangsdaten.

Tipp
Wählen Sie keine leicht zu erratenden Begriffe aus Ihrem Alltag (Name, Geburtsdatum, Hobby etc.). Das Passwort sollte mindestens 10 Zeichen lang sein und neben Groß- und Kleinbuchstaben auch Zahlen und Sonderzeichen enthalten.
Es gibt viele Methoden, sich komplexe Passwörter zu merken. Ich nutze die Akronym-Methode. Schauen Sie in Ihr Lieblingsbuch und suchen Sie sich z.B. den letzten Satz heraus. Die Anfangsbuchstaben und Satz-/Sonderzeichen ergeben Ihr Passwort.
Der letzte Satz in meinem Buch lautet: »Denn Social Media geht nicht wieder weg, genauso wenig wie das Fernsehen oder das Telefon.«
Das Passwort wäre dann: DSMgnww,gwwdFodT«. Das ist natürlich ein wenig lang, aber als Beispiel gut.

In den EINSTELLUNGEN (das Zahnrad-Symbol ✿ links unten in der fixen Seitennavigation) Ihres Profils finden Sie allgemeine Einstellungen zum Datenschutz und zum Schutz Ihrer Privatsphäre. Hinter dem Reiter ZUGANGSDATEN versteckt sich die Verwaltung Ihres Benutzernamens und Ihres Passwortes für XING.

11.2 Privatsphäre

Neben dem reinen Datenschutz können Sie natürlich auch individuell festlegen, wie offen oder privat Sie auf XING sein möchten.

Die Möglichkeit dazu finden Sie zum einen in den Einstellungen im Reiter PRIVATSPHÄRE. Dies ist der wichtigste Bereich für Sie, wenn Sie ändern möchten, wer welche Ihrer Daten bzw. Neuigkeiten sehen soll.

Zum anderen können Sie selbst bei jedem einzelnen Kontakt definieren, ob er Ihre Telefonnummern, Ihr Geburtsdatum sieht oder Ihnen Nachrichten senden darf. Das hatte ich in den vergangenen Kapiteln bereits dargestellt.

Da es bei XING darum geht, sich anderen Netzwerken offen und professionell zu präsentieren, wäre eine sehr restriktive Einstellung kontraproduktiv. Andererseits müssen Sie nicht jedem Ihr Geburtsdatum und Ihre Handynummer preisgeben.

Nehmen Sie sich daher genug Zeit, um die einzelnen Einstellungen Ihrer Privatsphäre zu prüfen und Ihren Bedürfnissen anzupassen. Nutzen Sie zudem die Einstellungen der Datenfreigabe bei jedem Kontakt.

Natürlich gibt es keine »beste Einstellung« der Privatsphäre. Jeder hat dabei andere Präferenzen. Deshalb zeige ich Ihnen meine Einstellungen, die ich als optimal für gutes Networking ansehe.

11.2.1 Profileinstellungen

Der erste Bereich, den Sie einstellen sollten, sind die Profileinstellungen

11 Datenschutz und Privatsphäre

Profileinstellungen

Mein Portfolio ist sichtbar für:

| alle Mitglieder   **1.** | ▼ |

☑ Das Portfolio als Erstes anzeigen

Meine Kontakte sind sichtbar für:

| alle Mitglieder   **2.** | ▼ |

Ihre Kontakte sind in Ihren Verbindungspfaden immer sichtbar.

Meine Aktivitäten sind sichtbar für:

| alle Mitglieder   **3.** | ▼ |

☑ Aktivitäts-Index anzeigen
☑ Mein Profil darf in Suchmaschinen auffindbar sein.
☑ Mein Profil darf auch für Nicht-Mitglieder abrufbar sein.   **4.**
   Ihre Kontaktdaten sind selbstverständlich nicht öffentlich sichtbar.

Allgemeine Einstellungen

Nachrichten schreiben dürfen:

| alle Mitglieder   **5.** | ▼ |

☑ Meine Beiträge in öffentlichen Gruppen können in Suchmaschinen gefunden werden.
   Wenn Sie diese Option nicht auswählen, können Sie in Gruppen nicht zitiert werden.   **6.**
   ⓘ Auf die Aktualisierung von Ergebnissen in Suchmaschinen hat XING keinen Einfluss.

Statusmeldungen an andere Netzwerke senden

XING darf bei folgenden Netzwerken auf meine Daten zugreifen und diese aktualisieren:

Twitter: **conpublica** ⧉Bei Twitter deaktivieren
Facebook: **Frank Bärmann** ⧉Bei Facebook deaktivieren   **7.**

Gespeicherte Datensätze aus Adressbuch- oder Dateiabgleichen

XING speichert für Sie Datensätze aus Ihren Adressbuchabgleichen und Einladungen. Wir nutzen diese Daten ausschließlich für die Optimierung des Nutzererlebnisses, z. B. um noch bessere Kontaktvorschläge machen zu können.   **8.**

Anzahl der derzeit gespeicherten Datensätze: 25
Datensätze anzeigen

E-Mail-Benachrichtigungen von XING ohne Einloggen beantworten

Wenn Sie diese Option aktivieren, können Sie private XING-Nachrichten und Kontaktanfragen beantworten, ohne sich hierzu extra auf XING einzuloggen. Sie klicken dazu einfach auf den Link in der entsprechenden E-Mail-Benachrichtigung.

☑ Benachrichtigungen beantworten, ohne mich einzuloggen   **9.**

Abbrechen   **Speichern**

Hierzu folgende Anmerkungen:

1. Portfolio

Ihr Portfolio sollte in der Regel für alle sichtbar sein. Es bietet dem Besucher einen Eindruck von Ihren Leistungen. Sollten Sie das neue Portfolio noch nicht eingerichtet haben, so können Sie es temporär verstecken. Setzen Sie dazu die Option auf NIEMAND.

> **Wichtig**
>
> Es handelt sich bei dieser Einstellung nicht um Ihr Profil, sondern um Ihr Portfolio. Das Profil kann nicht versteckt werden.

Sollten Sie z.B. auf Jobsuche sein, so könnten Sie im Portfolio besondere Informationen hinterlegen, die nur für Recruiter interessant sind. Dann könnte die Einstellung NUR RECRUITER lauten. So kann Ihr jetziger Chef nicht sehen, dass Sie sich »umschauen«.

Mit dem Häkchen hinter der Option DAS PORTFOLIO ALS ERSTES ANZEIGEN legen Sie fest, dass ein Besucher Ihres Profils als erstes Ihr Portfolio und nicht Ihre Profildaten zu sehen bekommt. Bei einem gut eingerichteten Portfolio kann das einen sehr positiven Eindruck beim Besucher hinterlassen.

2. Sichtbarkeit Ihrer Kontakte

Sie können Ihre Kontakte für alle Mitglieder offenlegen, ganz verstecken oder für Ihre Kontakte 1., 2. 3. und 4. Grades freischalten. Die Kontakte 1. Grades sind Ihre direkten Kontakte, die Kontakte 2. Grades die Kontakte Ihrer Kontakte usw.

Es gibt XING-Mitglieder, die Ihre Kontakte vor dem Wettbewerb verstecken wollen, weil dort Kunden vorhanden sind. Das macht im Grunde Sinn, widerspricht aber der Idee eines Netzwerks. Entscheiden Sie bitte selbst, wie weit Sie sich Ihren Kontakten öffnen wollen. Für mich persönlich gibt es keinen vernünftigen Grund, die eigenen Kontakte zu verstecken.

> **Hinweis**
>
> Ihre Kontakte sind in Ihren Verbindungspfaden immer sichtbar. Wenn sich also jemand die Verbindungspfade zu Ihnen ansehen will, werden Ihre Kontakte in diesen Pfaden angezeigt, egal, welche Einstellung Sie gewählt haben.

3. Sichtbarkeit der Aktivitäten

Mit Aktivitäten sind Ihre Aktionen in Bezug auf Profiländerungen, Statusmeldungen, Eventteilnahmen, Gruppenmitgliedschaften usw. gemeint. Generell werden daraus Meldungen, die XING im Bereich NEUES AUS MEINEM NETZWERK auf der Startseite Ihrer direkten Kontakte anzeigt.

Zusammengefasst finden Sie alle Ihre Aktivitäten in Ihrem Profil im allerletzten Reiter unter AKTIVITÄTEN.

Standardmäßig ist der Einblick in diesen Bereich nur Ihren direkten Kontakten erlaubt. Sie können allerdings wählen, ob NIEMAND, NUR MEINE DIREKTEN KONTAKTE und ALLE MITGLIEDER Ihre Profiländerungen, Statusmeldungen, Eventteilnahmen, Gruppenmitgliedschaften usw. sehen dürfen. Im Grunde macht NUR MEINE DIREKTEN KONTAKTE durchaus Sinn. Ich bevorzuge hier auch die weiteste Einstellung, um mehr Reichweite für meine Nachrichten zu erzeugen.

4. Sichtbarkeit nach außen

Wenn Sie wollen, dass Ihr Profil in Suchmaschinen auffindbar sein soll, können Sie hier ein Häkchen setzen. Ebenfalls legen Sie hier fest, ob Ihr

11.2 Privatsphäre

Profil auch für Nicht-Mitglieder abrufbar sein soll. Selbstverständlich sind Ihre Kontaktdaten nicht öffentlich sichtbar.

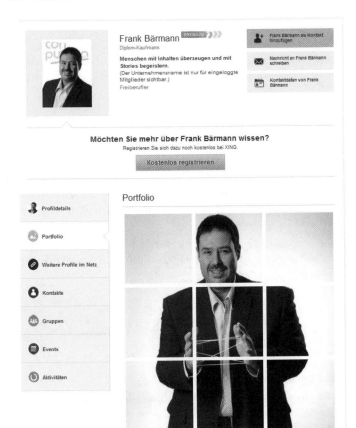

Mein Profil für Nicht-Mitglieder

Datenschutz und Privatsphäre

XING hat über 7 Millionen Mitglieder (Stand Januar 2014) im deutschsprachigen Raum, weltweit sind es über 14,1 Millionen Mitglieder. Macht es da wirklich einen Unterschied, ob Sie nur diesen 7 Millionen oder dem gesamten Internet Ihr Profil zeigen?

Selbstverständlich sollten Sie auch bei diesen Einstellungen Ihrem Gewissen folgen, aber eine Darstellung Ihres Profils für Nicht-Mitglieder im Internet bringt Ihnen Vorteile. Viele Unternehmer, vor allem Freiberufler nutzen ihr XING-Profil beispielsweis als digitale Visitenkarte.

5. Nachrichten

Viele XING-Mitglieder fühlen sich durch die dauernden Nachrichten andere Mitglieder, die keine direkten Kontakte sind, belästigt. Über diese Einstellung können Sie den Nachrichtenempfang im Allgemeinen regeln.

Ähnlich wie bei der Sichtbarkeit der Kontakte haben Sie die Wahl zwischen Ihren direkten Kontakten und den Kontakten 2. 3. und 4. Grades sowie allen Mitgliedern.

Ich kann verstehen, dass die Nachrichten von irgendwelchen Fremden manchmal lästig sind. Aber wenn Sie über XING neue Kontakte suchen, sollten Sie diese Einstellung nicht eng wählen.

> **Hinweis**
>
> Den Nachrichtenempfang von einzelnen Mitgliedern unterbinden Sie in der Datenfreigabe des Mitglieds, welches Sie sperren möchten.

6. Sichtbarkeit Ihrer Beiträge in Gruppen

Wenn Sie einen Beitrag in einer XING-Gruppe verfasst haben, wird dieser in der Regel zwar im gesamten XING-Netzwerk, aber nicht in Suchmaschinen und damit im gesamten Internet sichtbar.

Wenn Sie wollen, dass Ihre Beiträge auch von Suchmaschinen aufgenommen werden, können Sie da an der Stelle MEINE BEITRÄGE IN ÖFFENTLICHEN GRUPPEN KÖNNEN IN SUCHMASCHINEN GEFUNDEN WERDEN aktivieren.

7. Verknüpfung mit anderen Netzwerken

Falls Sie ein Konto bei Facebook oder Twitter besitzen, können Sie diese hier mit Ihrem XING-Profil verknüpfen.

8. Gespeicherte Datensätze aus Adressbuch-Abgleich

Falls Sie den bereits vorgestellten Adressbuch-Abgleich aktiviert haben, speichert XING für Sie die Datensätze aus diesem Adressbuch-Abgleich. Die Anzahl der derzeit gespeicherten Datensätze können Sie in den Einstellungen hier sehen.

Wenn Sie wollen nutzt XING diese Daten, Ihnen auf Basis Ihres Adressbuches Kontaktvorschläge zur Erweiterung Ihres Netzwerkes zu machen. Wenn Sie einen Adressbuch-Abgleich durchführen, fragt XING Sie, ob es diese importierten Kontakte nutzen darf. Sie können die Daten jederzeit einsehen verwalten und löschen, indem Sie auf DATENSÄTZE ANZEIGEN klicken.

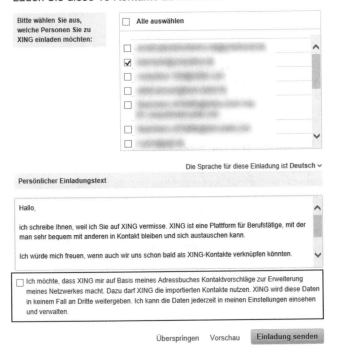

Über den Adressbuch-Abgleich finden Sie neue Kontakte aus Ihrem Umfeld

9. E-Mail Benachrichtigungen

Wenn Sie die Option BENACHRICHTIGUNGEN BEANTWORTEN, OHNE MICH EINZU-LOGGEN aktivieren, können Sie XING-Nachrichten und Kontaktanfragen beantworten, ohne sich hierzu extra auf XING einzuloggen. Sie klicken dazu einfach auf den Link in der entsprechenden E-Mail-Benachrichtigung.

11.2.2 Ihre Aktivitäten

Der zweite Bereich, den Sie sich ansehen sollten, sind die Einstellungen zu Ihren Aktivitäten. Damit stellen Sie ein, was Ihre Kontakte in deren Newsfeed – der Bereich NEUES AUS MEINEM NETZWERK auf der Startseite – erfahren sollen. Ich verzichte auf die Beschreibung der einzelnen Optionen. Generell gilt, dass Sie Ihre Kontakte am besten über alle Ihre Updates auf dem Laufenden halten, um ein optimales Netzwerken sicherzustellen.

> **Tipp**
>
> Wenn Sie viel an Ihrem Profil oder Ihrem Portfolio arbeiten, sollten Sie die meisten Aktivitäten kurzzeitig deaktivieren. Insbesondere gilt dies für die Optionen: BERUFSERFAHRUNG, PORTFOLIO, AUSBILDUNG UND WEB-PROFILE und STAMMDATEN, FOTO, INSTANT MESSAGING- UND KONTAKTDATEN.

11.2.3 Sichtbarkeit von Gruppen

Bei der Sichtbarkeit von Gruppen im Bereich NEUE GRUPPEN legen Sie fest, welche Ihrer Gruppen für andere sichtbar sind. Sollten Sie Mitglied in einer Gruppe werden und wollen nicht, dass andere XING-Mitglieder dies sehen, dann sollten Sie diese Gruppe hier verstecken.

> **Vorsicht**
>
> Sie müssen zuvor die Option NEUE GRUPPENMITGLIEDSCHAFTEN UND EIGENE FORENBEITRÄGE in den Aktivitäten-Einstellungen deaktivieren, sonst wird eine Nachricht an Ihr Netzwerk über die neue Mitgliedschaft abgesetzt.

11.2.4 Externe Applikationen

In Kapitel 10 haben Sie einige externe Applikationen wie die XING-App oder den Outlook-Connector kennen gelernt. Im Bereich EXTERNE APPLIKATIONEN erhalten Sie eine Liste über die Apps, denen Sie Zugriff auf Ihre XING-Daten gewährt haben. XING legt hier viel Wert auf Transparenz. Deshalb können Sie zu jeder Applikation sehen, welche Berechtigung Sie ihr gewährt haben. Klicken Sie hierzu auf den Link BERECHTIGUNGEN. Mit der Schaltfläche ZUGRIFF ENTZIEHEN beenden Sie die Berechtigung. Es kann dann kein Zugriff mehr auf Ihre Daten erfolgen. Um dies wieder rückgängig zu machen, müssen Sie der entsprechenden Applikation den Zugriff erneut erteilen.

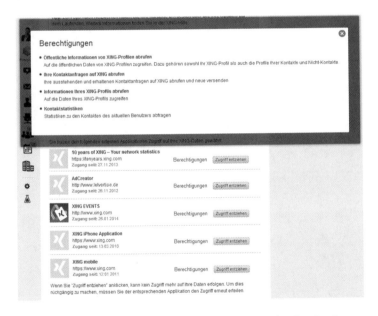

Es macht Sinn, hin und wieder hier rein zu schauen und ggf. aufzuräumen. In der obigen Abbildung meiner Berechtigungen finden Sie neben der mobilen App für iPhone und iPad die neue App für XING-Events, den

Zugriff für den AdCreator (Werbung bei XING) und eine Sonder-Applikation zum 10-jährigen Bestehen von XING.

Falls Sie eine Applikation in Ihrem Konto nicht zuordnen können, entziehen Sie ihr einfach die Berechtigung.

Kapitel 12
XING für...

12.1 XING für Freiberufler 208

12.2 XING für Vertriebler 213

12.3 XING für Handwerker 218

12.4 XING für Existenzgründer 221

12.5 XING für Personaler 223

12.6 XING für die Geschäftsführung 231

12.7 XING für Jobsuchende 232

12.8 XING für Journalisten 238

Wenn Sie an dieser Stelle im Buch angekommen sind, sollten Sie das Rüstzeug und Wissen haben, um mehr aus Ihrem XING-Profil und mehr mit XING zu machen. Als kleines Bonbon möchte ich Ihnen für unterschiedliche Zielgruppen noch einmal die Möglichkeiten von XING zusammenfassen und Ihnen Tipps geben für die Praxis.

Es ist zwar nur eine Auswahl und ich hoffe, dass Sie sich hier wiederfinden. Falls nicht, stehe ich gerne für Fragen und Diskussionen zur Verfügung.

12.1 XING für Freiberufler

Für Freiberufler bietet XING eine Reihe von Spielwiesen und Betätigungsfelder, um an Aufträge zu kommen.

Zentrale Elemente sind hier das Profil und das Portfolio. Während das Profil eher Ihren beruflichen Werdegang beschreibt und Ihre aktuelle Tätigkeit nur durch einen Eintrag in der Liste der Berufserfahrungen in Erscheinung tritt, haben Sie die Chance, im Portfolio zu glänzen und potenzielle Auftraggeber zu überzeugen.

12.1.1 Aussagekräftiges Profil

Passendes Foto

Achten Sie im Profil darauf, dass Sie auf Ihrem Foto Ihrem Berufsstand entsprechend zu sehen sind. Ein Anwalt sollte anders in Erscheinung treten als ein Designer oder ein Journalist.

Das beginnt bei der Kleidung und endet bei der Köpersprache auf dem Foto. Wichtig ist, dass Sie immer authentisch rüber kommen.

Akademischer Abschluss

Weiterhin gehört – sofern vorhanden – unbedingt Ihr Akademischer Abschluss in den Kopfbereich.

Profilspruch

Den Profilspruch können Sie für aktuelle Projekte, für Werbung oder Ihre Philosophie nutzen.

Beispiel

»Bei mir gibt es Grafiken nur handgemacht«

»Wir helfen Ihnen dabei, Recht zu bekommen, wenn Sie Recht haben«

Berufserfahrung

Im Bereich Berufserfahrung sollten die Tätigkeiten, die zu Ihrem jetzigen Beruf passen, hervorgehoben werden. Das erreichen Sie, indem Sie frühere oder eher nicht relevante Tätigkeiten ohne Datum angeben. Aktuelle Jobs bekommen so optisch eine höhere Wertigkeit.

Eine Tätigkeit ohne Datum wird stark zurückgenommen.

Biete und Suche

Weiterhin sollten Sie die ICH BIETE und ICH SUCHE Felder entsprechend Ihrem Tätigkeitsfeld ausfüllen. Schreiben Sie in Stichworten und Schlagworten alles auf, was Sie anbieten.

Wichtig

Denken Sie daran, bei den Sätzen KEIN Komma zu nutzen, da das Komma von XING als Trennzeichen zwischen den verschiedenen Stichwörtern genutzt wird. Die Sätze und Wortkombinationen würden an dieser Stelle getrennt und als zwei Stichworte ausgegeben.

Referenzen

Nutzen Sie unbedingt die Funktion der Referenzen (nur Premium-Mitglieder). Bitten Sie Kunden über XING um ein Referenzschreiben. Referenzen sind für Auftraggeber sehr wichtig, viele Freiberufler verschenken dieses Potenzial.

Wie Sie Ihr Profil richtig ausfüllen, lesen Sie in Abschnitt 3.3.

12.1.2 Glänzen Sie mit Ihrem Portfolio

In Abschnitt 3.4 hatte ich bereits in aller Ausführlichkeit erklärt, wie Sie mit Hilfe der neuen Kachelfelder und Textbausteine ein perfektes Portfolio aufbauen. Dort sollten Sie aussagekräftige Fotos von Ihrer Arbeit einstellen, auch Videos und PDF-Dateien sind möglich.

Das offizielle XING-Beispiel finden Sie unter *https://profile.xing.com/de/profile/freelancer.*

Ein paar gute Inspirationen können Sie sich auch hier abholen:

Zeigt sehr visuell, was sie kann: Corinna Reuter (Quelle: *https://www.xing.com/profile/Corinna_Reuter2/portfolio*)

Besonders dieser Herr hat viel Zeit und Ideen in die Gestaltung seines Portfolios gesteckt. Er nutzt die Kacheln für witzige Effekte und bindet sogar ein Video ein.

So macht ein Einkommenssicherungscoach auf sich aufmerksam (Quelle: *https://www.xing.com/profile/Tino_Ternes/portfolio*)

Ich kann Ihnen nur ans Herz legen, ein aufwendiges Portfolio aufzubauen. Denn aktuell nutzen eher wenige Freiberufler diese Selbstdarstellung, so dass Sie sich sehr gut von Ihren Mitbewerbern abheben können.

> **Wichtig**
>
> Denken Sie daran, in den Einstellungen ✱ festzulegen, dass Ihr Portfolio ganz oben erscheinen soll. Klicken Sie dazu wieder in die Privatsphäre und aktivieren Sie den Punkt DAS PORTFOLIO ALS ERSTES ANZEIGEN.

12.1.3 XING-Projektmarkt

Wenn Sie sich selbst durch Profil und Portfolio ins rechte Licht gesetzt haben, sollten Sie den XING-Projektmarkt nutzen, um aktiv Projekte für Ihren Bereich zu finden.

Vergleichen Sie dazu bitte Abschnitt 6.2.

12.1.4 XING-Gruppen

Um sich neuen Auftraggebern vorzustellen und neue Projekte/Aufträge zu finden, sollten Sie auch die XING-Gruppen nutzen.

Fachgruppen

Zum einen sollten Sie die für Sie thematisch/beruflich passenden Fachgruppen finden und dort beitreten. In Kapitel 7 erfahren Sie, wie Sie sich als Neuling in einer Gruppe verhalten und wie Sie dort positiv auf sich aufmerksam machen.

Suchen Sie ganz konkret nach Gruppen, in denen **Ihre** Themen diskutiert werden und diskutieren Sie mit. Zeigen Sie sich als Experte und helfen Sie anderen Mitgliedern.

> **Tipp**
>
> Wenn es zur Lösung eines in einer Gruppe diskutierten Problems beiträgt, dürfen Sie gerne auf eines Ihrer Projekte hinweisen, wo Sie vielleicht genau dieses Problem gelöst haben. Aber stellen Sie bitte die Lösungskompetenz in den Vordergrund, nicht Ihre Absicht, Werbung zu betreiben.

Durch Kompetenz und Hilfsbereitschaft erzeugen Sie Aufmerksamkeit.

Projektmarkt-Gruppen

Neben den Fachgruppen gibt es auch Gruppen, die sich – ähnlich dem XING-Projektmarkt – auf Freelancer und Projektausschreibungen spezialisiert haben. Die größte Gruppe mit fast 155.000 Mitgliedern ist der *cloudsters projektmarkt*, auch als *Freiberufler Projektmarkt / freelance projects exchange* bekannt. Sie finden diese Gruppe unter *https://www.xing.com/net/priac3773x/freiberufler/*.

Die Gruppe besteht seit 2004 und hat sich zur Aufgabe gemacht, eine Plattform für Auftraggeber und Freelancer bei XING zu bieten, lange bevor es den XING-Projektmarkt gab.

Weitere Gruppen finden Sie, wenn Sie im Bereich GRUPPEN in die Suche »Freelancer« oder »Freiberufler« eingeben.

> **Tipp**
>
> Unter *https://www.xing.com/t/de/FREIBERUFLER* finden Sie eine ganze Themenseite über XING für Freiberufler.

> **Hinweis**
>
> Die XING-Themenseiten können Sie nur aufrufen, solange Sie sich noch nicht eingeloggt haben. Der Zweck der Themenseiten ist, Nichtmitglieder ein wenig mehr Einblicke in XING zu geben und sie von einer Mitgliedschaft zu überzeugen.

12.2 XING für Vertriebler

Bei XING geht es um Kontakte, um Geschäftsbeziehungen und um Selbstmarketing. Und um Kontakte und den Aufbau und die Pflege von Geschäftsbeziehungen geht es auch im Vertrieb.

Vertrieb könnte man als Tätigkeit von Mensch zu Mensch bezeichnen. Ein guter Vertriebler hat gute Kontakte in seine Branche, zu Kunden und Geschäftspartnern. Jetzt wird der eine oder andere Vertriebsprofi sagen, dass er für seine Arbeit kein XING benötige. Oft höre ich gerade von Vertrieblern die Kritik »Da tummeln sich ja nur unsere Wettbewerber, die meine Kontakte und Kunden bei XING einsehen wollen, um sie dann anzusprechen und abzuwerben«. Das kann ich nicht verneinen. Aber XING kann noch viel mehr.

XING unterstützt Sie dabei, wertvolle Kontakte zu pflegen und neue Kontakte zu finden. Und XING unterstützt Sie bei der Vorbereitung von Treffen mit potenziellen Kunden.

12.2.1 Aussagekräftiges Profil

Selbstverständlich gilt das zuvor geschriebene auch für Menschen, die im Vertrieb tätig sind. Um sich potenziellen Kunden professionell zu präsentieren, benötigen Sie ein professionell gestaltetes Profil.

Vor allen Dingen muss auch hier das Foto professionell sein. Nutzen Sie keine privaten Fotos oder irgendwelche womöglich mit dem Handy selbst geschossenen Fotos.

Denken Sie bitte immer daran, dass Ihr Gegenüber, derjenige, den Sie als Kunden gewinnen möchten, auch Ihr Profil besucht.

Wenn ich ehrlich bin, sind beispielsweise der Lebenslauf und die Qualifikationen hier nicht so wichtig. Denn es zählt der professionelle Auftritt und nicht das, was die Person einmal gelernt hat.

Selbstverständlich dürfen Sie diesbezüglich anderer Meinung sein. Gegen einen gut gepflegten Lebenslauf bei XING ist nichts einzuwenden.

> **Tipp**
>
> Um den Vertrieb eines bestimmten Produktes oder einer Dienstleistung ein wenig anzukurbeln, dürfen Sie gerne Ihren Profilspruch als Werbeplatz nutzen. Machen Sie dort einfach auf ein aktuelles oder besonderes Angebot aufmerksam.

> *Jetzt zugreifen: Unser Softwareflagschiff MMMsoft gibt es diese Woche 25% günstiger. Mehr Informationen und Bestellung unter http://www.bitly.com/efadaddas.*

12.2.2 Neue Geschäftskontakte suchen

Vertrieb ist nur erfolgreich, wenn Sie neue Kunden und Absatzmärkte finden. Dafür können Sie einerseits konkret nach in das Kundenprofil passenden XING-Mitgliedern recherchieren oder einfach die Fachgruppen nutzen. Hier gilt das Geschriebene aus dem Vorkapitel.

Um aktiv nach neuen Geschäftskontakten zu suchen, nutzen Sie idealerweise die ERWEITERTE SUCHE bei XING – sofern Sie Premium-Mitglied sind. Dies empfehle ich Ihnen jedoch dringend, wenn Sie aktiv Vertrieb machen wollen.

Sie finden ERWEITERTE SUCHE oben rechts in der Ecke als kleinen Link neben dem Suchfenster. Wenn Sie darauf klicken, wählen Sie Mitglieder aus und – voilá – da ist die Suchmaske.

Über die richtigen Suchstrategien und -methoden haben Sie bereits in Kapitel 5 lesen können. Recherchieren Sie nach Mitgliedern, die Ihre Produkte oder Dienstleistungen benötigen könnten.

Im nächsten Schritt formulieren Sie eine Nachricht.

> **Vorsicht**
>
> Ihre Nachricht kann vom Gegenüber sehr leicht als Belästigung angesehen werden. Dann droht eine Abmahnung gem. § 7 Gesetz gegen den unlauteren Wettbewerb UWG.

In den neuen AGB von XING (nachzulesen unter *https://www.xing.com/terms*) steht unter Punkt 4 PFLICHTEN DES NUTZERS:

4.1 Der Nutzer ist verpflichtet, (....)

(c) bei der Nutzung von XING und der Inhalte auf den XING-Websites geltendes Recht sowie alle Rechte Dritter zu beachten. Es ist dem Nutzer insbesondere Folgendes untersagt: (...)

- unzumutbare Belästigungen anderer Nutzer, insbesondere durch Spam (vgl. § 7 Gesetz gegen den unlauteren Wettbewerb – UWG); (...)

- Vornahme oder Förderung wettbewerbswidriger Handlungen, einschließlich progressiver Kundenwerbung (wie Ketten-, Schneeball- oder Pyramidensysteme);

(d) die folgenden belästigenden Handlungen zu unterlassen, auch wenn diese konkret keine Gesetze verletzen sollten:

- Versendung von Kettenbriefen;

> *- Durchführung, Bewerbung und Förderung von Strukturvertriebsmaßnahmen (wie Multi-Level-Marketing oder Multi-Level-Network-Marketing);(...).*

Ich bin zwar kein Jurist, aber die Regelungen des § 7 UWG sind eindeutig. Sie dürfen andere XING-Mitglieder zwar anschreiben, auch wenn Sie diese nicht kennen, aber nicht unzumutbar belästigen. Und eine direkte Werbemail wäre Spam.

Gehen Sie daher sanft und wohlüberlegt vor. Bauen Sie erst einen Kontakt auf, ehe Sie dem Mitglied Angebote oder Terminanfragen senden.

Gatekeeper umschiffen

Wenn Sie lieber direkt zum Telefon greifen, um Kaltakquise zu betreiben, kann Ihnen XING helfen, den richtigen Ansprechpartner herauszufinden und manchmal sogar die Durchwahl. Informationen, die Sie über die Telefonzentrale und/oder die Vorzimmerdame (sogenannte »Gatekeeper«) nur mit Geduld herausbekommen.

Aber auch hier gilt: Beachten Sie bitte die Vorschriften des UWG bei der telefonischen Kontaktaufnahme.

12.2.3 Lernen Sie einen Gesprächspartner kennen

Ein wichtiger Nutzen von XING ist die Vorbereitung auf persönliche Gesprächstermine mit Menschen, die Sie nicht kennen.

Beispiel

Sie haben Kontakt zu einem potenziellen Kunden außerhalb von XING aufgebaut und einen Termin mit dieser Person vereinbart. Als alter Hase wissen Sie, wie Sie sich auf den Termin vorbereiten und wie Sie das Gespräch beginnen. Wenn nicht, hilft Ihnen XING. Suchen Sie Ihren Gesprächspartner dort und schauen Sie sich das Profil an. Welche Hobbies hat Ihr Gegenüber, welche Sprachen spricht er/sie und wo hat er/sie früher gearbeitet oder studiert? Mit etwas Glück finden Sie eine Gemeinsamkeit, die als Gesprächseinstieg fungieren kann.

»Ich habe gesehen, dass Sie auch in Trier studiert haben? Wie lange haben Sie denn dort gelebt?« oder »Sie sprechen fließend Spanisch. Das ist ja interessant. Meine Großmutter kommt aus Spanien«.

Mir hilft es zum Beispiel auch, bereits vor dem Kennenlernen ein Gesicht vor Augen zu haben. Wenn Sie sich das Foto bei XING angeschaut haben, werden Sie beim Treffen nicht überrascht sein, wenn Ihr Gegenüber ganz anders aussieht als Sie es sich in Gedanken vorgestellt haben. Eine Überraschung – ob positiv oder negativ – bleibt nicht unbemerkt.

12.2.4 XING-Events im Vertrieb

Wenn Sie bei Ihrer vertrieblichen Arbeit z.B. auf Produktvorführungen setzen, können Sie solche Termine bei XING einstellen und Ihre bestehenden Kontakte einladen und/oder diese bitten, einen Gast mitzubringen.

Auch Webinare, die heute immer häufiger auch im Vertrieb eingesetzt werden, dürfen bei XING eingestellt werden.

12.2.5 XING-Gruppen

Selbstverständlich sollten Sie sich auch aktiv ins Gruppenleben bei XING stürzen. Suchen Sie sich die Branchen- oder Fachgruppen heraus, wo Sie Ihre Kunden finden könnten.

Aber wie bei den Freiberuflern gilt auch hier. Die »Hoppla, jetzt komme ich und ich habe was tolles für Sie«-Strategie funktioniert hier nicht. Stellen Sie sich in den Gruppen als Experte für ein Thema, einen Fachbereich oder Produkt vor, bieten Sie Rat und Hilfe an und nehmen Sie bitte Ihren Verkaufsdrang zurück.

Co-Moderation einer Gruppen

Um noch mehr Expertise zu beweisen, könnten Sie sich als Co-Moderator einer speziellen Gruppe bewerben. Solche Co-Moderatoren genießen in Gruppen eine höhere Reputation, gleich unter dem Hauptmoderator.

Gruppe gründen

Der Vollständigkeit halber möchte ich erwähnen, dass eine eigene Themengruppe z.B. als Corporate Group Ihres Unternehmens oder als Diskussionsforum über Ihr Produkt sinnvoll sein kann, wenn Ihr Produkt eine gewisse Verbreitung hat oder sich um Ihr Produkt oder Unternehmen bereits eine Community aufgebaut hat. In diesem Fall können Sie potenziell interessante XING-Mitglieder zur Information in die Gruppe einladen.

> **Tipp**
>
> Unter *www.xing.com/t/de/VERTRIEB* finden Sie eine ganze Themenseite über XING für Vertriebler.

12.3 XING für Handwerker

Auch für Handwerker gilt das Geschriebene aus dem Bereich Freiberufler.

Damit XING einem Handwerker einen Nutzen bringt, muss man ein professionelles Profil und Portfolio bieten.

Auch hier muss das Foto zur Person und zum Beruf passen. Ich meine, dass sich ein Maler in Malermontur, ein Bäcker, Schornsteinfeger oder Metzger gerne in Berufskleidung zeigen darf.

Zwei Handwerker bei XING: Fleischermeister Ludger Freese und Maler- und Lackierermeister Matthias Schultze vom Malerfachbetrieb HEYSE

Das Handwerk hat in der Regel etwas zu zeigen, es wird ja mit den Händen gearbeitet. Und wer etwas zu zeigen hat, sollte das auch tun – im Portfolio.

XING für Handwerker 12.3

- Profildetails
- Portfolio
- Weitere Profile im Netz
- Kontakte
- Gruppen
- Events
- Aktivitäten

Portfolio

Gerne verändern wir Ihre Umgebung

Mit Leidenschaft, Respekt & Liebe - Das bin ich - live und authentisch

Mein Name ist Matthias Schultze, Malermeister, Unternehmer, Social-Media-Manager (IHK), Vollblut-Macher und Internetaktivist der ersten Stunde. Den Beruf des Malers & Lackierers habe ich von der Pike auf gelernt und es begeistert mich sehr zu sehen, wie Veränderungen wirken.

In mir brennt eine Flamme, die Sie mitreissen wird. Mein Kopf ist eine Ideenschmiede, die mit Leidenschaft sprudelt. Mit unserem Malerfachbetrieb http://www.maler-heyse.de und einer Crew, die ihr Handwerk versteht, realisieren wir.

- exklusive Maler- und Tapezierarbeiten
- traumhafte Fassaden im Bereich Alt- und Neubau
- begeisternde Wärmedämmverbundsysteme mit Esprit
- erlebbare Wand- und Bodenveredelungen auf mineralischer Basis
- Einzigartige Wandgestaltungen
- Investitionsoptimierte Altbausanierung
- Langfristige Bauwerkserhaltung an historischen Gebäuden
- Erfrischende Lösungen für Wohn- und Arbeitswelten
- Begeisternder Urlaubsservice

Besuchen Sie hierzu unsere Fotopinnwand http://www.pinterest.com/malerheyse

Wir sind da, wenn Sie uns brauchen!

Kurz: Bei uns erhalten Sie nicht nur das Handwerk, sondern Köpfe, die mitdenken. Praktisches Know-how, erstklassige Profi-Produkte und viele weitere Servicevorteile, die Sie entlasten. Den Weg zur Kosten sparenden, effektiven und ästhetischen Lösung Ihrer Bauaufgaben.

Machen Sie die Probe aufs Exempel und lernen Sie uns kennen!

Social Media - Erfolg auf ganzer Ebene

Mit unserem Blog http://www.blog.maler-heyse.de haben wir den Dialog2.0 eröffnet und sind begeistert vom Wandel und der Akzeptanz. Hierdurch beflügelt habe ich entschieden, mich zum Social-Media-Manager (IHK) weiterzubilden http://www.der-social-media-manager.com

Erleben, was Veränderung schafft

Als Vortragsredner spreche ich auf verschiedenen Veranstaltungen zu Unternehmerinnen und Unternehmern, wie der Dialog2.0 durch Einbindung der Social Medias zum Unternehmenserfolg beitragen kann. Sprechen Sie mich gerne an. Gerne belebe ich auch Ihre Veranstaltung mit spürbaren Mehrwerten für Ihr Umfeld. http://blog.maler-heyse.de/2013/09/19/film-was-ist-social-media/

Ihr Matthias Schultze

Matthias Schultze zeigt den Besuchern seines Profils, was er und sein Team können (Quelle: *https://www.xing.com/profile/Matthias_Schultze4/portfolio*)

12.3.1 Referenzen und Empfehlungen

Referenzen sind für alle Unternehmer und Unternehmen wichtig. Ich meine, dass gerade Handwerker von Empfehlungen und Referenzen leben. Deshalb meine dringliche Bitte an alle Handwerker bei XING, die bereits Premium-Mitglied sind: Lassen Sie sich von Kunden, die bei XING zu finden sind, eine Referenz schreiben. Wie das genau geht, lesen Sie in Abschnitt 5.5.3 »Referenzen erbitten«.

Neben den Referenzen können Sie auch vorhandene gute Kontakte bei XING bitten, Sie zu empfehlen. Die Empfehlungsfunktion hatte ich in Abschnitt 5.3.3 vorgestellt.

> **Beispiel**
>
> Schreiben Sie doch hin und wieder in Ihre Statusmeldungen (die von Ihren Kontakten gelesen werden), dass Sie sich über eine Empfehlung in deren Verwandten- und Bekanntenkreis sehr freuen würden. Die Meldung könnte so lauten: »Übrigens: Wenn Sie jemanden kennen, der einen Maler sucht, denken Sie an mich«.

12.3.2 Gruppen

Auch für Handwerker können XING-Gruppen zur Darstellung und Kontaktanbahnung nützlich sein. Im Prinzip gilt hier das gleiche wie für die anderen Zielgruppen. Nicht werben, sondern helfen. Lesen Sie dazu bitte noch mal die Abschnitt 12.1.4 und 12.2.5.

Um die richtigen Gruppen zu finden, sollten Sie sich in die Lage Ihrer Kunden versetzen. Sie wissen ja, dass Menschen andere Menschen in sozialen Netzwerken gerne um Rat fragen, wenn sie ein Problem haben. Hierfür nutzen viele die Ratgeber-Community *gutefrage.net*. Ich denke, dass XING-versierte Menschen auch hier in entsprechenden Gruppen um Rat bitten.

> **Beispiel**
>
> Sie sind Spezialist für energetische Sanierung, z.B. Dämmung. Bei der XING-Gruppe »Energieeinsparung im Bestand« mit über 4700 Mitgliedern könnte jemand, der einen Rat zum Thema KfW-Förderung oder der richtige Dämmstoff vielleicht seine Fragen loswerden. Sie finden diese Frage und antworten ihm fachmännisch. Zwar ist die Chance, dass diese Person bei Ihnen im Umkreis wohnt, nicht sehr groß, aber sie ist da.

> **Tipp**
>
> Schauen Sie sich mal die Gruppe »Fastlane – der schnelle Tipp« unter *https://www.xing.com/net/pric3bec6x/1000tipps* an. In diese Gruppe kann jeder eine noch kleine oder unbedeutende Frage stellen und selbst schnelle erste Hilfe leisten. Das könnte etwas für Sie sein.

Alternativ recherchieren Sie die für Ihre Region passende Regionalgruppe und werden dort Mitglied. Mit einer passenden Vorstellung erwecken Sie sicher auch die Aufmerksamkeit von Leuten, die gerade einen Cateringservice, einen professionellen Möbelbauer oder einen Dachdecker benötigen. Haben Sie nun Referenzen in Ihrem Profil oder gar Ihr Portfolio mit Musterbildern oder anderen tollen Fotos Ihrer Arbeit ausgestattet, ist die Chance groß, dass man Sie kontaktieren wird – spätestens beim nächsten realen Netzwerktreffen.

> **Tipp**
>
> Unter *www.xing.com/t/de/HANDWERKER* finden Sie eine ganze Themenseite über XING für Handwerker.

12.4 XING für Existenzgründer

Existenzgründer haben viele Herausforderungen zu meistern: Dazu gehört in der Vorbereitungsphase u.a. die Erstellung eines Businessplans, die Aufstellung einer Finanzplanung für die Bank und die Erstellung eines Marketingplans. Ist die Existenz gegründet, müssen Kontakte und Kunden her.

Deshalb gilt in dieser Phase das Geschriebene aus den vorherigen Kapiteln: Professionelles Profil mit passendem Foto, ein ausgefülltes Portfolio mit Ihren Produkten, Mitgliedschaften in passenden Gruppen mit freundlicher Vorstellung, klug ausgewählte Kontakte und aktives Networking.

Vor allem für Existenzgründer ist es wichtig, viele neue Kontakte zu finden, und zwar nicht nur bei XING, sondern auch in der realen Businesswelt. Deshalb sollten Sie so oft wie möglich zu Netzwerktreffen in Ihrer weiteren Region gehen. Bei einigen dieser Netzwerktreffen werden Aktionen wie Business-Speeddating, Visitenkartenparties bzw. -börsen und sonstige beruflichen »Kontaktanbahnungsspiele« angeboten.

Hinweis

Denken Sie bei realen Business-Netzwerktreffen immer an genügend Visitenkarten.

In der Vorbereitungsphase helfen Ihnen echte Experten in Sachen Existenzgründung mit Rat und Tat. Werden Sie unbedingt Mitglied in der Gruppe GRÜNDER & SELBSTSTÄNDIGE (*https://www.xing.com/net/existenzgruender*). Diese Gruppe ist mit über 92.000 Mitgliedern eine der größten zu diesem Thema bei XING. Dort finden Sie Networking und Wissens-Austausch für Gründer & Selbstständige

Kopf der Gruppe ist der Gründercoach Andreas Lutz, der mit *gruendungszuschuss.de* ein eigens Wissensportal bietet.

Eine weitere gute Gruppe ist EXISTENZGRÜNDUNG & BUSINESSPLAN (*https://www.xing.com/net/gruendung-businessplan*). Und viele Industrie- und Handelskammern bieten bei XING eigene Gruppen zum Thema Existenzgründung an.

Tipp

Unter *www.xing.com/t/de/EXISTENZGRUNDER*? finden Sie eine ganze Themenseite über XING für Existenzgründer.

12.5 XING für Personaler

Verschiedenen HR-Studien belegen, dass XING seine Position als die Nr. 1 der sozialen Netzwerke im Recruitingbereich gefestigt hat – weit vor Linkedin (vgl. dazu z.B. Social Media Recruiting Report 2013). Dieses hat sich natürlich nicht ohne Grund so entwickelt, denn XING hat viel Zeit und Geld sowie neue Ideen in diesen Bereich gesteckt.

Als Personaler/Recruiter kommen Sie heute gar nicht vorbei an XING, sofern Sie Ihre Aktivitäten auf das Internet und insbesondere auf die sozialen Netzwerke ausdehnen wollen.

Ich könnte Ihnen natürlich lapidar empfehlen, in den XING Talentmanager, einem Tool für professionelles Recruiting, zu investieren und dann kommen die Bewerber wie von selbst. Aber das wäre schlichtweg falsch. Es gibt zunächst eine Menge Hausaufgaben zu machen.

Selbstverständlich gehe ich davon aus, dass erfahrene Recruiter die Funktionen von XING und die Taktiken zum Auffinden und Ansprechen passender Bewerber aus dem Effeff beherrschen. Ich richte mich im Folgenden eher an diejenigen, die hin und wieder eine(n) Mitarbeiter(in) suchen und nicht an die professionellen Recruiter.

12.5.1 Professionelles Unternehmensprofil

Als allererstes müssen Sie dafür sorgen, dass sich Ihr Unternehmen und Ihre Mitarbeiter/Kollegen vernünftig und professionell in XING präsentieren. Bauen Sie dazu ein Unternehmensprofil Ihres Unternehmens auf (bzw. lassen Sie es von der verantwortlichen Abteilung aufbauen) und pflegen Sie es. Es reicht zunächst das kostenlose Basisprofil, schließlich kostet das professionellere Employer Branding-Profil von XING und kununu schon eine Stange Geld. Sie können später immer noch ein Upgrade machen.

> **Wichtig**
>
> Achten Sie darauf, dass alle Mitarbeiter Ihres Unternehmens in ihrem persönlichen Profil bei XING den Namen des Unternehmens richtig und einheitlich schreiben. Nur dann werden die Mitarbeiter in das Unternehmensprofil eingebunden. Geben Sie am besten eine Mitteilung aus an alle Mitarbeiter, wie Sie den Namen gerne hätten und dokumentieren Sie so etwas in einem Handbuch oder in Guidelines.

Leistungen für Mitarbeiter

✓ Alles anzeigen

Die Arbeitgeber-Bewertung im Detail

⭐⭐⭐⭐⭐	3,34	Mittelwert dieser Branche: **3,32**
⭐⭐⭐⭐⭐	3,15	Vorgesetztenverhalten
⭐⭐⭐⭐⭐	3,70	Kollegenzusammenhalt
⭐⭐⭐⭐⭐	3,47	Interessante Aufgaben

Dieses Profil ist nicht eingerichtet, obwohl das Unternehmen 427 Mitarbeiter und bereits zahlreiche Bewertungen bei kununu bekommen hat

Lassen Sie ein professionelles Bild machen und füllen Sie bitte den Bereich ÜBER UNS mit einer Selbstdarstellung Ihres Unternehmens. Denken Sie dabei daran, was einen Bewerber interessieren könnte. Wichtig ist ein Link auf Ihre Karriere-Webseite (oder Webseite) mit weiterführenden Informationen.

Im Folgenden sollten regelmäßig Neuigkeiten in Ihr Profil aufgenommen werden.

Wenn Ihr Unternehmensprofil fertig ist, haben Sie einen Grundstein gelegt. Bewerber werden sich dort über Ihr Unternehmen informieren können.

12.5.2 Stellenanzeigen schalten

Als nächsten Schritt können Sie aktiv Anzeigen schalten, wenn Ihr Unternehmen offene Stellen zu besetzen hat.

Wie ich in Abschnitt 6.1.2 bereits ausführte, bietet Ihnen XING drei Preis- bzw. Abrechnungsmodelle. Am sichersten fahren Sie mit der Textanzeige auf Klickpreis-Basis (Cost-per-Click CPC). Hier sagen Sie einfach, was Sie ausgeben wollen. In den anderen Modellen buchen Sie einen festen Betrag, den XING ausschöpft.

> **Tipp**
>
> Denken Sie daran: Ihre Stellenangebote werden auf Wunsch auch im Internet für Nicht-Mitglieder sichtbar geschaltet und damit durch Suchmaschinen gefunden.

> **Hinweis**
>
> Ihre Stellenanzeigen werden automatisch auch auf Ihrem Unternehmensprofil angezeigt.

> **Tipp**
>
> Mit einer Stellenanzeige erreichen Sie auch Nicht-Jobsuchende, weil XING Ihre offene Stelle automatisch passenden XING-Mitgliedern auf deren Startseite empfiehlt.

12.5.3 Aktives Kandidaten-Scanning

Neben dem aktiven Schalten von Anzeigen sollten Sie auch aktiv nach passenden Kandidaten Ausschau halten. Sie können zum einen über die Suche nach XING-Mitgliedern Ihrer Branche »fahnden«, die einen bestimmten Karrierelevel (Beruflichen Status) haben und in Ihrer Region arbeiten. Wenn Sie Kandidaten gefunden haben, sollten Sie sich die einfach merken und beobachten. Als normales Mitglied nutzen Sie dazu die Merken-Funktion, mit dem XING Talentmanager können Sie einen geeigneten Kandidaten per Klick in einen Kandidatenpool überführen.

Sie können sich aber auch in Fachgruppen Ihres Themenbereichs umschauen und nach Mitgliedern Ausschau halten, die aktiv dort schreiben und dadurch als Experte hervorstechen.

> **Beispiel**
>
> Wenn jemand in der Fachgruppe Künstliche Intelligenz immer wieder fachliche Beiträge über Neuronale Netze verfasst, und Ihr Unternehmen in diesem Bereich tätig ist, sollten Sie dieses Mitglied im Auge halten.

12.5.4 Aktives Kandidaten-Scanning mit dem XING Talentmanager

Wenn Sie regelmäßig offene Stellen zu besetzen haben und aktiv bei XING nach passenden Kandidaten suchen wollen, könnte der XING Talentmanager (XTM) eine Option sein. Es handelt sich dabei um eine Software, die speziell für das professionelle Recruiting entwickelt wurde. Der XTM ist als Unternehmenslösung angelegt und nicht mehr personengebunden. So können mehrere Ihrer Mitarbeiter und Kollegen aktiv beim Recruiting mitwirken.

Der XTM bietet Ihnen beispielsweise eine erweiterte Suche, spezielle Filter und praktische Werkzeuge zur Verwaltung von Kandidatenprofilen. So können Sie potenzielle Mitarbeiter gezielt recherchieren, ansprechen und binden.

Ein weiterer Vorteil des XTM ist die Identifikation derjenigen XING-Mitglieder, die in Ihrem Profil bei Ihren Karrierewünschen Aktiv auf Jobsuche oder

NICHT AUF JOBSUCHE, OFFEN FÜR ANGEBOTE ANGEGEBEN und diese Einstellung nur für Recruiter freigeschaltet haben. Diese wichtigen Informationen sind auch wirklich nur für Recruiter im XTM sichtbar.

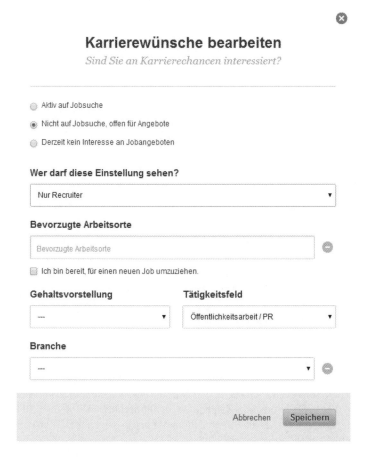

Eine Unternehmens-Lizenz kostet 249,- Euro im Monat, was im Vergleich zu einer Premium-Mitgliedschaft sehr hoch erscheint, im Hinblick auf die Kosten von Stellenanzeigen in Tageszeitungen sich jedoch relativiert.

Mehr Informationen zum XING Talentmanager finden Sie unter
https://talentmanager.xing.com/de/

12.5.5 Externe XING-Suche mit Google

Wie Sie wissen, sind die allermeisten XING-Profile in der Grundeinstellung für Suchmaschinen öffentlich zugänglich und werden von Suchmaschinen indiziert. Über einen festgelegten Suchbefehl können Sie bei Google eine externe Suche durchführen, durch die Sie bereits dort die passenden Profile aufgelistet bekommen.

> **Beispiel**
>
> Nehmen wir an, Sie suchen einen SAP-Berater in Berlin. Dann geben Sie einfach in das Suchfeld folgenden Suchbefehl ein:
> `site:xing.com inurl:profile intext:SAP AND BERATER AND BERLIN`

Über den Befehl `site:xing.com` geben Sie an, dass bei xing.com gesucht werden soll.

Der Befehl `inurl:profile` sorgt dafür, dass alle Seiten und Unterseiten der angegebenen Domain angezeigt werden, deren URL den Suchbegriff enthält. Und bei XING haben alle Adressen den Zusatz »profile«, z.B. *https://www.xing.com/profile/Frank_Baermann3*.

Mit dem Befehl `intext:SAP AND BERATER AND BERLIN` werden nur Seiten angezeigt, die den oder die Suchbegriff(e) im Text enthalten.

12.5.6 Kandidaten-Recherche

Sie sollten XING aber nicht nur dazu nutzen, aktiv nach Bewerbern zu suchen, sondern auch dazu, sich über potenzielle Kandidaten zu informieren. Wenn Sie also bereits Kandidaten identifiziert haben – ob über XING oder über andere Kanäle – dann können Sie sich in deren Profil einen kompletten Lebenslauf ansehen.

> **Hinweis**
>
> Laut Arbeitnehmerdatenschutz dürfen Sie als Arbeitgeber Daten verwenden, die aus Netzwerken stammen, die zur Darstellung der beruflichen Qualifikation bestimmt sind. Das sind aktuell XING und LinkedIn. Man geht dabei davon aus, dass die Präsentation dort dem Zwecke der eigenen Präsentation für künftige Arbeitgeber dient (vgl. dazu z.B. *http://www.datenschutzbeauftragter-info.de/fachbeitraege/arbeitnehmerdatenschutz/*)

Den wahren Experten finden

Wenn Sie über einen Kandidaten Informationen einholen wollen, ist die erste Station das Profil. Doch diese Angaben bilden nur einen Teilausschnitt des Gesamtprofils über diese Person. Viel aussagekräftiger sind z.B. seine Beiträge in bestimmten Gruppen.

Natürlich können Sie innerhalb von XING gezielt nach Gruppen-Beiträgen anderer Mitglieder suchen. Dazu muss man aber jeweils eine bestimmte Gruppe besuchen, um dort nach dem Autor zu suchen. Das funktioniert allerdings auch, ohne dass man selbst Mitglied dieser Gruppe ist – sofern die Gruppenmoderatoren die Beiträge für alle lesbar geschaltet haben.

Viel einfacher geht auch die Suche nach Beiträgen bestimmter Personen in XING-Gruppen über die Google-Suche.

> **Beispiel**
>
> Sie möchten wissen, welche Beiträge ich in welchen Gruppen über Social Media verfasst habe. Dann geben Sie diesen Suchbefehl in Google ein:
> `site:xing.com inurl:net intext:"Frank Bärmann" AND "Social Media"`.

Hier gibt der Befehl `inurl:net` nur Gruppen aus und durch den Befehl `intext:"Frank Bärmann" AND "Social Media"` werden nur Beiträge von mir zum Thema Social Media angezeigt.

Nachteil dieser Vorgehensweise: Hat Ihr Bewerber einen Namen wie »Peter Schmidt« oder »Hans Meier«, werden Sie Suchergebnisse von vielen verschiedenen Personen erhalten. Hier müssten Sie die Suche durch weitere AND-Kriterien weiter eingrenzen, z.B. durch Angabe des Ortes.

XING für...

> **Google** `site:xing.com inurl:net intext:"Frank Bärmann" AND "Social Media"`
>
> Web   Bilder   News   Videos   Shopping   Mehr ▼   Suchoptionen
>
> Ungefähr 818 Ergebnisse (0,44 Sekunden)
>
> Cookies helfen uns bei der Bereitstellung unserer Dienste. Durch die Nutzung unserer Dienste erklären Sie sich damit einverstanden, dass wir Cookies setzen.
> **OK**   Mehr erfahren
>
> **Fragen und Antworten zum Thema Social Media Relation...**
> www.xing.com › Gruppen › Social Media Relations › Foren ▼
> Social Media Relations - Foren - Fragen und Antworten zum Thema Social Media Relations ... Frank Bärmann ... ifttt für Social Media Marketing und SEO nutzen.
>
> **Neues Buch "Social Media im Personalmanagement" - | X...**
> www.xing.com › ... › Foren › Social Media - Web 2.0 ▼
> 18.09.2012 - Personalmanagement & Führung - Foren - Social Media - Web 2.0 ... Neues Buch "Social Media im Personalmanagement" ... Frank Bärmann.
>
> **Berater für Social Media Marketing und PR stellt sich vor ...**
> www.xing.com › ... › Foren › Vorstellungsrunde ▼
> 29.11.2011 - Guten Tag, mein Name ist Frank Bärmann. Ich bin Inhaber der Agentur für Social Media und Public Relations, conpublica. conpublica bedeutet ...
>
> **Suche Social Media Experten für einen Frageabend an ...**
> www.xing.com/net/socialmediarelations/...social-media...social-media.../s... ▼
> 17.10.2011 - Social Media Relations - Foren - Fragen und Antworten zum Thema Social Media Relations - Social Media - Suche Social ... Frank Bärmann.
>
> **Aachener Infotag "Personal" am 11.10.2011 - | XING**
> www.xing.com › ... › Foren › Veranstaltungen in der Region Selfkant ▼
> 19.09.2011 - Wir, das sind der Social Media Experte Frank Bärmann und der erfahrene Unternehmensberater und Mitarbeitertrainer Kunibert Latour.
>
> **Ich biete Social Media Personalmarketing - Know-How ...**
> www.xing.com › ... › Foren › Vorstellungsrunde ▼
> 20.09.2011 - Mein Name ist Frank Bärmann und ich bin Inhaber der Agentur für Public ... Ich engagiere mich seit 2006 im Bereich "Social Media" und biete ...
>
> **Social Media - Web 2.0 - Personalmanagement & Führun...**
> www.xing.com › Gruppen › Personalmanagement & Führung › Foren ▼
> Personalmanagement & Führung - Foren - Social Media - Web 2.0.
>
> **Facebook und Twitter im HR-Bereich - ...**
> www.xing.com › ... › Foren › Social Media - Web 2.0 ▼
> 24.06.2011 - Personalmanagement & Führung - Foren - Social Media - Web 2.0 - Facebook und Twitter im HR-Bereich. ... Frank Bärmann. Frank Bärmann ...

Die Suche ergab 818 Ergebnisse

Probieren Sie es aus, es funktioniert und vereinfacht Ihnen die Arbeit.

12.5.7 Arbeitgeberbewertungen beachten

Arbeitgeberbewertungen gehören heute wie Hotel- oder Restaurantbewertungen zum Alltag im Social Web. Mittlerweile haben sich in Deutschland zahlreiche Plattformen dafür etabliert, Marktführer ist die XING-Tochter kununu. Ehemalige Mitarbeiter und auch aktive Mitarbeiter haben dort die Gelegenheit, ihre (Ex-)Arbeitgeber einer genauen Bewertung zu unterziehen. Für Bewerber stellen diese Bewertungen eine gute Möglichkeit dar, ein relativ objektives Bild über das Unternehmen zu bekommen.

Da Unternehmen von Bewertungen über sich nichts mitbekommen, sollten Sie unbedingt regelmäßig bei kununu vorbeischauen und nach Ihrem Unternehmensnamen suchen.

Haben Sie ein Unternehmensprofil, werden Bewertungen, die bei kununu über Ihr Unternehmen abgegeben werden, dort angezeigt.

Jetzt haben Sie die Chance, nach außen sichtbar eine offene Feedbackkultur zu zeigen, denn Sie können auf jede Bewertung kostenfrei eine Stellungnahme abgeben. Dazu muss sich ein Vertreter Ihres Unternehmens an das kununu-Support-Team wenden und einen Stellungnahme-Account beantragen.

> **Tipp**
>
> Mehr Informationen zu den Stellungnahmen finden Sie unter *http://www.kununu.com/unternehmen/hilfe/proaktiv*.

> **Tipp**
>
> Unter *https://www.xing.com/t/de/PERSONALARBEIT* finden Sie eine ganze Themenseite über XING in der Personalarbeit.

12.6 XING für die Geschäftsführung

Irgendwie hatte ich das Gefühl, dass diese Gruppe hier nicht fehlen darf, auch wenn die Nutzung von XING durch Geschäftsführer und Führungspersonal durchaus von den Aufgaben und Zielsetzungen abhängt. Denn im Grunde sind Geschäftsführer ganz normale XING-Mitglieder mit speziellen Aufgabengebieten.

Wenn Sie als Geschäftsführer für das Recruiting verantwortlich sind, sollte Ihnen Abschnitt 12.5 wertvolle Tipps geben. Wenn Sie für den Vertrieb verantwortlich sind, ist es eher Abschnitt 12.2.

Wichtig ist wohl vor allem, dass Sie für den Außenauftritt Ihres Unternehmens verantwortlich sind. Von daher sollten Sie darauf achten, dass Ihr Unternehmen ein gut geführtes Unternehmensprofil hat, dass alle Ihre Mitarbeiter unter ein- und demselben Firmennamen in identischer Schreibweise eingetragen sind und Ihre Marketing-, Social-Media- oder PR-Abteilung schön brav Statusmeldungen über das Unternehmensprofil und über ausgewählte Personenprofile absetzt.

> **Tipp**
>
> Unter *https://www.xing.com/t/de/ GESCHAFTSFUHRER* finden Sie eine ganze Themenseite über XING für Geschäftsführer.

12.7 XING für Jobsuchende

Wenn XING eines der wichtigsten Kanäle für Social Recruiting geworden ist, dann ist es logisch, dass sich auch die Jobsuchenden dort aufhalten und perfekt präsentieren müssen.

Wichtig ist natürlich wie bei allen anderen Gruppen, dass Sie als Jobsuchender Ihr Profil komplett und für potenzielle Arbeitgeber informativ ausfüllen. Legen Sie zudem in den Einstellungen fest, dass Ihr Profil öffentlich ist– dann werden Sie auch in Suchmaschinen gefunden.

12.7.1 Das richtige Foto

Wir alle wissen, wie wichtig das Bewerbungsfoto in der klassischen Bewerbungsmappe ist. Da sich der Recruiting-Prozess immer mehr in Richtung XING & Co. verlagert, muss auch das Foto im Profil stimmen. Bitte nutzen Sie ein seriöses Foto, denn genauso wie bei Freiberuflern, Vertrieblern etc. wollen Sie sich von Ihrer Schokoladenseite zeigen. Und genauso wie bei den anderen sollten Sie dennoch authentisch bleiben. Einem Game-Entwickler nimmt man den Anzug nicht ab, ein BWL-Student, der eine Stelle als Trainee sucht, sollte nicht mit Sonnenbrille abgelichtet werden.

Ich gebe zu, dass das Thema »passendes Foto« heikel ist. Entscheiden Sie bitte für sich, wie Sie sich einem Arbeitgeber präsentieren wollen.

12.7.2 Referenzen und Auszeichnungen

Wichtig für Arbeitgeber sind immer die Qualifikationen und Auszeichnungen. Denken Sie also bitte daran, Ihre Qualifikationen aufzulisten und Ihre Auszeichnungen (optimal mit Link versehen) zu präsentieren.

> **Tipp**
>
> Hinterlegen Sie in den Auszeichnungen jeweils Links zu PDF-Dateien mit Zeugnissen oder anderen Auszeichnungen, die Sie z.B. über Cloud-Dienste wie Dropbox ins Netz geladen haben.

Auszeichnungen   Hinzufügen

2014
Artikel über Technologie-Marketing
www.conpublica.de/wp-content/uploads/publikationen/Technologie-Marketing.pdf

12.7.3 Im Portfolio Kompetenz zeigen

Ich gebe zu, dass das Portfolio für Jobsuchende auf den ersten Blick nicht ganz so wichtig zu sein scheint. Irrtum. Sie können durch die Bausteine Text, Bild und PDF durchaus ein Bild von sich und Ihren Tätigkeitsfeldern zeichnen.

Mixen Sie Fotos mit Texten und Dokumenten, erklären Sie, was Sie bisher geleistet haben und bieten Sie z.B. Ihren Lebenslauf, Zeugnisse oder Zertifikate/Auszeichnungen als PDF an.

12.7.4 Karrierewünsche

Natürlich sollten Sie unbedingt darauf achten, dass Ihre Karrierewünsche den richtigen Status haben. Sie finden die Karrierewünsche wie bereits mehrfach erklärt rechts oben hinter der Schaltfläche KARRIEREWÜNSCHE BEARBEITEN.

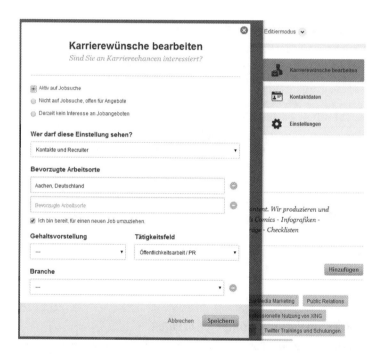

Hinweis

Auch bei den Karrierewünschen werden Premium-Mitglieder ein wenig bevorzugt: Sie können nämlich bevorzugte Arbeitsorte, die Bereitschaft, für den Job auch umzuziehen, eine Gehaltsvorstellung, die gewünschten Tätigkeitsfelder und die Branche zusätzlich angeben.

12.7.5 Suche – Biete

Nach wie vor sind die Felder ICH SUCHE und ICH BIETE für Recruiter sehr wichtig bei der Recherche.

Bei ICH SUCHE sollten Sie zum Ausdruck bringen, dass Sie auf Jobsuche sind. Nutzen Sie hier Formulierungen wie »Neue Herausforderung« und schreiben Sie dazu in welchem Bereich. So werden Sie garantiert von Personalberatern gefunden.

> **Hinweis**
>
> Falls Sie den Arbeitgeber wechseln wollen, dann schreiben Sie unter ICH SUCHE bitte auf keinen Fall »Eine neue Herausforderung«, weil das jeder – auch Ihr Chef – dann sehen kann.

12.7.6 Lebenslauf

Im Lebenslauf (Rubrik Berufserfahrung) gilt der gleiche Tipp wie bei den Freiberuflern (vgl. Abschnitt 12.1).

Indem Sie frühere oder eher nicht relevante Tätigkeiten ohne Datum angeben werden die Tätigkeiten, die zu Ihre jetzigen Beruf passen, hervorgehoben. Die letzten Jobs bekommen so optisch eine höhere Wertigkeit. Geben Sie bei diesen Stationen auch immer Monat und Jahr an, sonst wird die Dauer der Tätigkeit nicht angezeigt.

12.7.7 Jobsuche

Natürlich ist die Hauptquelle für die Jobsuche der XING-Stellenbörse, in der die suchenden Unternehmen ihre offenen Stellen als Stellenanzeigen eintragen. Über den Hauptreiter JOBS gelangen Sie dorthin. XING bietet Ihnen hier eine Suchmaske, Jobempfehlungen, eine Recherche nach Tätigkeitsfeldern und nach Städten sowie die neuesten Jobs.

Egal, welchen Weg Sie wählen, in den Suchergebnissen können Sie durch weitere Kriterien die Sucher verfeinern oder die Ergebnisse statt nach Relevanz nach BESTE BEWERTUNGEN, NEUESTE JOBS oder ENTFERNUNG sortieren.

Weitere Suchkriterien legen Sie in der Menüleiste rechts an. Dies gilt übrigens sowohl für Basis- als auch für Premiummitglieder.

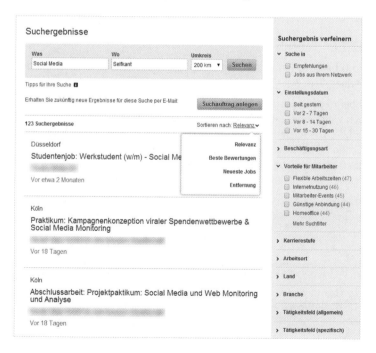

> **Tipp**
>
> Legen Sie sich von wiederkehrenden Suchen einen Suchauftrag an. Neue Stellenangebote werden dann von XING an Ihre hinterlegte E-Mail Adresse gesendet.

12.7.8 Gruppen

Auch als Jobsuchender sollten Sie die XING-Gruppen aktiv nutzen.

Zum ersten, weil Personaler auch in XING-Gruppen nach Kandidaten recherchieren, zum zweiten, weil man nach Ihrer Bewerbung konkret nach Ihnen suchen könnte und zum dritten, weil in bestimmten Gruppen auch offene Stellen veröffentlicht werden.

Deshalb gilt:

1. Suchen Sie sich fachliche relevante Gruppen heraus und nehmen Sie dort an Diskussionen teil. Zeigen Sie in diesen Gruppen Ihre Kompetenz, Ihren Teamgeist und Ihr Kommunikationsvermögen.
2. Suchen Sie aktiv in passenden Gruppen nach Stellenanzeigen.

Spezielle Gruppen für Jobangebote sind z.B.

BEWERBUNG & RECRUITING

(*https://www.xing.com/net/pri9160b7x/bewerbungrecruiting*) oder

ABSOLVENTEN – GESUCHE UND ANGEBOTE – PRAKTIKA – NEBENJOBS – DIPLOMARBEITEN – BERUFSEINSTIEG

(*https://www.xing.com/net/gesucheundangebote*)

Auch über Google können Sie nach Gruppen suchen, in denen Unternehmen Stellenanzeigen geschaltet haben

> **Beispiel**
>
> Sie suchen einen Job als SAP-Berater in Hamburg. Dann geben Sie nach der bekannten Vorgehensweise folgenden Suchbefehl in Google ein:
> `site:xing.com inurl:net intext:"SAP-Berater" AND "wir suchen" AND Hamburg`

Jetzt finden Sie alle Stellenangebote zu dieser Suche.

12.7.9 Das eigene Netzwerk aktivieren

Abschließend möchte ich Sie daran erinnern, dass auch Ihr XING-Netzwerk für Sie »arbeiten« kann. Schreiben Sie Ihren Stellenwunsch öfters als Statusmeldung und bitten Sie Ihre Kontakte um Hilfe bei der Suche nach einer neuen Stelle.

12.8 XING für Journalisten

12.8.1 Recherche nach den richtigen Köpfen

Journalisten sind nicht nur auf Stories und Fakten angewiesen, sondern auch auf Kontakte. Und XING bietet Kontakte. In Gesprächen mit Journalisten-Kollegen wurde immer wieder deutlich, dass XING für Pressevertreter vor allem bei der Recherche von geeigneten Kontaktpersonen in Unternehmen (meistens Führungspersonen) sowie von Meinungsführern und Experten einer Branche oder eines Themenbereichs eingesetzt wird.

Dabei spielen vor allem die Fachgruppen eine Rolle. Hier spricht man gerne die Moderatoren an und recherchiert nach denjenigen, die dort Meinungsführer sind.

Auch für diese Recherche könnte Ihnen die externe Google-Suche in XING (siehe oben) behilflich sein.

Werden die richtigen Ansprechpartner eines Unternehmens gesucht, kann die Unternehmenswebseite dann helfen, wenn es um Geschäftsführer oder Vorstände geht. Die müssen nämlich im Impressum genannt werden. Sucht man aber beispielsweise den Vertriebsleiter oder Entwicklungschef, ist man dort falsch. Oft gibt es eine Seite speziell für die Presse mit Ansprechpartner, so dass Sie sich dorthin wenden können.

Viel besser und schneller funktioniert das aber über XING: Unternehmen suchen, Mitarbeiterliste aufrufen und durchforsten oder gleich die erweiterte Suche nutzen.

12.8.2 Projekte für Freelancer

Vor allem freie Journalisten können neue Quellen für Aufträge gut gebrauchen. Im XING-Projektmarkt finden sich nicht nur Projekte für Software-

Entwickler oder Designer, sondern auch für Texter, Autoren und Redakteure.

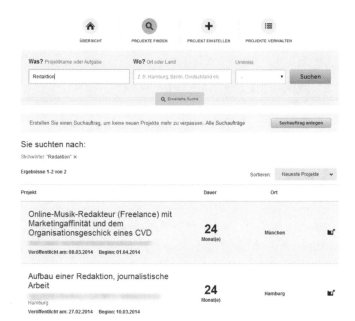

Kapitel 13
Schluss mit XING

13.1 Kündigung als Basismitglied 242
13.2 Kündigung als Premiummitglied 244

Wenn Sie irgendwann die Nase voll haben von XING, so dürfen Sie selbstverständlich auch austreten und Ihre Mitgliedschaft endgültig beenden.

> **Wichtig**
>
> Bitte beachten Sie, dass XING Ihr Profil nicht wiederherstellen kann, wenn Sie sich für eine endgültige Löschung entscheiden.

Natürlich bietet Ihnen XING nicht überall einen Link an, mit dem Sie Ihre Mitgliedschaft löschen können. Der Weg dorthin ist schon etwas versteckt.

Grundsätzlich ist Ihr Kündigungsrecht in den AGBs von XING unter Nr. 7 dokumentiert. Allerdings unterscheidet XING, ob Sie Basis- oder Premiummitglied sind, das Prozedere ist zum Teil anders.

> **Hinweis**
>
> Nicht gelöscht werden Ihre Beiträge, die auf den öffentlichen Seiten oder persönlichen Seiten anderer Mitglieder erscheinen (wie Gästebucheinträge, persönliche Nachrichten und Beiträge in den Foren der Gruppen).

13.1 Kündigung als Basismitglied

Als Basismitglied haben Sie jederzeit die Möglichkeit, über das Standard-Kontaktformular Ihre Mitgliedschaft zu beenden.

Das Prozedere steht in Nr. 7.2 der neuen AGB beschrieben:

> *7.2 Der Nutzer und XING können die unentgeltliche Mitgliedschaft jederzeit ohne Angabe von Gründen kündigen. Zum Schutz des Nutzers gegen unbefugte Löschung seines Nutzerprofils durch Dritte kann XING bei der Kündigung eine Identitätsfeststellung durchführen, z.B. durch Abfrage des Benutzernamens und einer auf den XING-Websites registrierten E-Mail-Adresse.*
>
> *Quelle: https://www.xing.com/terms*

Wichtig im Vergleich zu den bisherigen AGB ist die Information, dass die Kündigung zwingend über das Standard-Kontaktformular erfolgen muss, gestrichen wurde. Damit stehen Ihnen alle Wege der Kontaktaufnahme zur Verfügung.

Diese finden Sie immer über den Link HILFE & KONTAKT oben rechts in der Ecke. Neben dem Kontaktformular stehen Ihnen die Faxnummer und die Postadresse zur Verfügung.

Außerdem gibt es einen Weg über die XING Hilfe. Wenn Sie dort in das Suchfeld RÜCKTRITT eingeben, erscheint in den Suchergebnissen der Eintrag XING-MITGLIEDSCHAFT KÜNDIGEN. Wenn Sie auf diesen Link klicken, gelangen Sie auf eine weitere Seite. Am Ende sehen Sie den Link ZUM KÜNDIGUNGSPROZESS. Im nächsten Schritt erscheint ein Fenster, über das XING gerne den Grund für Ihre Kündigung erfahren möchte. Geben Sie am Ende Ihr Passwort ein und alles ist vollbracht.

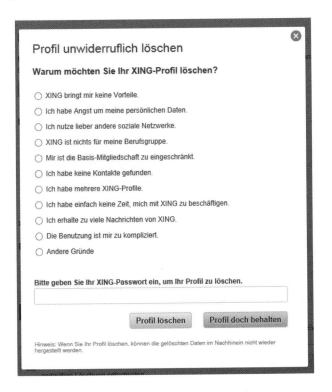

13.2 Kündigung als Premiummitglied

Die Kündigung als zahlendes Premiummitglied ist etwas schwieriger.

Das Prozedere steht in Nr. 7.3 der neuen AGB beschrieben:

7.3 Die Premium-Mitgliedschaft läuft zunächst über den vom Nutzer gebuchten Mindestnutzungszeitraum. Danach verlängert sich die Premium-Mitgliedschaft jeweils um Verlängerungszeiträume der gleichen Dauer, wenn sie nicht fristgemäß vom Nutzer oder XING gekündigt wird. Der Nutzer und XING können die Premium-Mitgliedschaft ohne Angabe von Gründen mit einer Frist von drei (3) Wochen zum Ablauf des im Registrierungsprozess gebuchten Mindestnutzungszeitraums oder anschließend zum Ablauf eines Verlängerungszeitraums per Kontaktformular, Brief, Fax oder E-Mail kündigen. Nach der Kündigung der Premium-Mitgliedschaft durch den Nutzer oder XING bleibt dem Nutzer die unentgeltliche Mitgliedschaft bis zu ihrer Beendigung erhalten, die zusätzlichen und erweiterten Funktionen der Premium-Mitgliedschaft fallen jedoch weg.
Quelle: *https://www.xing.com/terms*

Sie haben also wie oben beschrieben die Alternativen, per Kontaktformular über *https://www.xing.com/help/kontakt-3*, per Brief an XING, per Fax an **+49 40 419 131-11** oder per E-Mail an kontakt@xing.com zu kündigen. Allerdings führt Ihre Kündigung dann zum Ende der Laufzeit Ihrer aktuellen Premium-Mitgliedschaft zu einer kostenfreien Basis-Mitgliedschaft. Diese müssen Sie dann erneut gemäß 13.1 kündigen.

Index

A

Arbeitgeber-Bewertungen 174

B

Basis-Mitgliedschaft 14
Beitrag löschen 121
Beitrag melden 122
Beta Labs 56

D

Datenschutz 194
Datensicherheit 194

E

Einstellungen 55
Empfehlungsfunktion 81
Erstanmeldung 20
Event absagen 157
Event anlegen 132
Event bekannt machen 149
Event bewerben 150
Event managen 155
Event-Benachrichtigungen abbestellen 130
Event-Einladung 146
Events als Veranstalter nutzen 132
Events Gästeliste 127, 159
Existenzgründer 221

F

Freiberufler 208

G

Geburtstagserinnerungsfunktion 85
Geschäftsführung 231
Grundregeln für Gruppen 107
Gruppen 105
Gruppen finden 110
Gruppen gründen 124
Gruppen und Werbung/SPAM 123
Gruppen-Event 138

H

Handwerker 218

I

Impressum 38
Integration for Salesforce 188

J

Jobs & Karriere 98
Jobsuchende 232
Journalisten 238

K

Kategorien 45
Kontaktanfragen 71
    Kontaktanfrage ablehnen 79
    Kontaktanfrage annehmen 78
    Kontaktanfragen stellen 72
    Umgang mit Kontaktanfragen 78
Kontakte 44
    Datenfreigabe bearbeiten 46
    Empfehlen-Funktion 45
    Gemerkte Personen 46

Mehr-Funktion 45
Schlagwort-Funktion 45
Kontakte 2. Grades 68
Kontakte finden 60
Kontaktsammler 59
Kontaktvorschläge 66
Konten 55
Kündigung als Basismitglied 242
Kündigung als Premiummitglied 244

M

Mitglieder einladen 65
Mitglieder finden 48
    Suchaufträge 49
Mobile Apps 189

N

Netzwerk aufräumen 82
Netzwerk-Strategie 58
Neuigkeiten 40

O

Outlook Connector 182

P

Personaler 223
Portfolio 32
Postfach 42
Powersuche 68
Premium-Bereich 50
Premium-Mitgliedschaft 14, 20
Privatsphäre 197
Profil 20, 37
    Foto 22
    Ich biete 30
    Ich suche 31
    Interessen und Hobbies 29
    Kontaktdaten 27
    Kopfbereich 22
    Name 24
    Organisationen 29
    Positionsbeschreibung 24
    Profilspruch 26
    Sprachen, Qualifikationen und Auszeichnungen 29
    vCard 27
Profileinstellungen 27, 197
    Sichtbarkeit der Aktivitäten 200
    Sichtbarkeit Ihrer Beiträge in Gruppen 202
    Sichtbarkeit Ihrer Kontakte 199
    Sichtbarkeit nach außen 200
Projektmarkt 100

Q

Quickfinder-Plugin 184

R

Rechnungen 55
Referenzen 95

S

Searchbox 184
Seitennavigation 50
Startseite 40
Stellenanzeigen schalten 99
Suchfunktion 61
    Tipps für die Suche 62

T

Toolbar 183

U

Unternehmensprofil 53, 163
Unternehmensprofil anlegen 165
Unternehmensprofil füllen 169

V

Vertriebler 213
Vorstellung 117

W

Windows 8 188

X

XBook 192
XiButler 186
XING Events App 191
XING-Gruppen 108

Frank Bärmann

Social Media
im Personalmanagement
Facebook, Xing, Blogs, Mobile Recruiting und Co. erfolgreich einsetzen

- **Mit neuen Strategien gegen den Personalmangel**
- **Die wichtigsten Social-Media-Plattformen und -Kanäle**
- **Einstieg ins Social Employer Branding, Social Recruiting und in die Personalkommunikation 2.0**

Der Fachkräftemangel wird in Deutschland immer akuter. Geeignetes Personal ist rar und die Digital Natives müssen schon heute mit den richtigen Mitteln umworben werden. Die Social Media eröffnen dafür neue Wege; sie sind eine Chance für Personaler, aber auch eine Herausforderung.

Frank Bärmann ist Diplom-Kaufmann und seit über zehn Jahren Berater für PR, Marketing, Social Media und Personal. In diesem Buch zeigt er auf, inwiefern sich die Situation in der Personalwirtschaft verändert hat und warum die alten Methoden des Personalmanagements nicht mehr funktionieren. Aus Personaler-Sicht stellt er die wichtigsten Social-Media-Plattformen und -Kanäle vor – von Xing und LinkedIn über Facebook, Twitter, YouTube und Pinterest bis hin zu Blogs und mobilen Anwendungen – und verdeutlicht deren Potenzial für die Mitarbeitersuche und -pflege. Er geht dabei auch auf den mit der regelmäßigen Nutzung einhergehenden Arbeitsaufwand und die Kostenfrage ein.

Mit einem besonderen Blick auf die jeweilige Strategie erklärt der Autor, wie Sie die einzelnen Social-Media-Kanäle effektiv einsetzen können, um Ihr Employer Branding zu verbessern, neue Wege im Recruiting zu betreten und Ihre Personalentwicklung und -kommunikation auszubauen.

Darüber hinaus erläutert er, wie die interne Kommunikation sowie das Wissensmanagement und die Personalausbildung im Unternehmen durch Social Media unterstützt werden können.

Hinweise für Ihre eigenen Social-Media-Guidelines und viele aktuelle und anschauliche Beispiele runden das Buch ab.

Probekapitel und Infos erhalten Sie unter:
www.mitp.de/9200

ISBN 978-3-8266-9200-0

David Asen

Online-Marketing für Selbstständige

Wie Sie im Internet neue Kunden erreichen und Ihren Umsatz steigern

- Dienstleistungen und Produkte gewinnbringend bewerben
- Zielgruppenspezifisches Marketing durch guten Content
- Zusätzliche Einnahmequellen im Netz aufbauen

Haben Sie bereits eine eigene Website, auf der Sie sich vorstellen und Ihre Dienstleistungen und Produkte bewerben? Wissen Sie, dass darin noch viel mehr Potenzial steckt?

Das Internet ist wie geschaffen dafür, neue Besucher anzuziehen und sie als Kunden zu gewinnen. Mit dem richtigen Online-Marketing können Sie sich kostengünstig, reichweitenstark und zielgruppengenau im Netz positionieren.

Autor David Asen ist selbst erfolgreicher Internet-Unternehmer und zeigt in diesem Buch, wie Sie den Umsatz Ihres Unternehmens durch das Internet deutlich steigern können: mit einer Website, die relevante Inhalte für Ihre Zielgruppe enthält und einen starken Strom interessierter und kaufbereiter Besucher generiert.

Sie erhalten ausführliche Hilfestellungen zu Keyword-Recherche, Suchmaschinenoptimierung, passenden Einkommensquellen, einer Social-Media-Strategie und dem Schreiben von Texten. Anhand praktischer Tipps erfahren Sie außerdem, wie Sie Ihre Kunden mit E-Mail-Marketing und Social Media dauerhaft an sich binden.

Viele praktische Beispiele unterstützen Sie vom Konzept über die Planung bis zur Umsetzung Ihres eigenen Internetauftritts.

Probekapitel und Infos erhalten Sie unter:
www.mitp.de/9478

ISBN 978-3-8266-9478-3

Herbert Hertramph

Mit
Evernote®

Selbstorganisation und Informationsmanagement optimieren

- Aktualisierte und stark erweiterte Neuauflage zur neuen Evernote-Version
- Vom effektiven Notiztool bis zur komplexen Dateiverwaltung
- Mit anschaulichen Beispielen und Tipps für Beruf und Alltag

Was auf den ersten Blick wie ein kleines Softwareprogramm zum Erstellen von Notizen aussieht, ist tatsächlich ein effektives Organisationstool. Innerhalb kürzester Zeit hat sich Evernote zur Standard-App für das Smartphone entwickelt. Notizen, Dateien, Fotos, Websites, Blogartikel – alles, was Sie sich im Alltag merken möchten, können Sie sich geordnet darstellen lassen und betriebssystem-unabhängig synchronisieren.

Herbert Hertramph gibt zunächst eine kompakte Einführung in das Programm von der Installation bis zum Erstellen der ersten Notiz. Danach stellt er zahlreiche Anwendungsmöglichkeiten mit vielen Tipps und Tricks vor, die zum Teil sogar langjährigen Evernote-Nutzern noch unbekannt sind.

Sie erfahren auch, wie Sie die Suchfunktion professionell nutzen und Evernote in den Arbeitsalltag integrieren. Von der individuellen Gedächtnishilfe entwickelt das Tool sich so zum zuverlässigen Informationsmanagementsystem.

Schließlich zeigt der Autor viele Beispiele aus der Praxis, die Anregungen für den eigenen Umgang liefern.

Probekapitel und Infos erhalten Sie unter:
www.mitp.de/9506

ISBN 978-3-8266-9506-3

Joachim Gerloff

Erfolgreich auf YouTube
Social-Media-Marketing mit Online-Videos

- Videos professionell produzieren – auch mit kleinem Budget
- Kanal aufbauen, SEO nutzen und die Community aktivieren
- Mit zahlreichen Tipps von Experten und praktischen Checklisten

YouTube ist mittlerweile die zweitgrößte Suchmaschine der Welt. Die YouTube-Community verbringt mehr als sechs Milliarden Stunden pro Monat auf der Videoplattform. Besonders junge User suchen nicht nur nach lustigen Videos für die Mittagspause, sondern informieren sich über Menschen, Produkte und Unternehmen.

In leicht verständlichen Anleitungen zeigt Ihnen Joachim Gerloff, wie Sie erfolgreiche Videos für YouTube produzieren und diese für Ihr Marketing nutzen.

Er erläutert Schritt für Schritt alles, was Sie brauchen:

- Den eigenen Unternehmenskanal aufbauen
- Interessante Themen für Ihre Videos finden
- Inhalte und Drehstatus mit einem Redaktionsplan organisieren
- Die geeignete Form für das Unternehmensvideo wählen
- Videos auch mit kleinem Budget professionell produzieren und bearbeiten
- Grundlagen der Suchmaschinenoptimierung für Online-Videos
- Mit der YouTube-Community interagieren
- Erfolge messen und analysieren mit YouTube Analytics

Zahlreiche Tipps von Experten und praktische Checklisten für die eigene Arbeit mit YouTube runden das Buch ab.

Probekapitel und Infos erhalten Sie unter:
www.mitp.de/8192

ISBN 978-3-8266-8192-9

Andreas Werner

Pinterest

Ein Guide für visuelles Social-Media-Marketing

- **Bilder im Netz sammeln, sortieren und wiederfinden**
- **Zahlreiche Tipps für attraktive Boards und nützliche Zusatztools**
- **Vom Social Bookmarking zum visuellen Social-Media-Marketing für Unternehmen**

Pinterest gehört zu den Online-Überfliegern der letzten Jahre – wie bei keinem anderen Netzwerk hat man hier verstanden, dass „social" und „visuell" gemeinsam zum Erfolg führen.

Andreas Werner zeigt in diesem Buch, was Pinterest so erfolgreich macht und erklärt die wichtigsten Punkte für den Einstieg: Wie richte ich ein attraktives Board ein? Wie pinne, repinne, like und kommentiere ich erfolgreich? Was kann ich machen, um mehr Follower zu finden? Und wie funktioniert das Pinterest Bookmarklet? Das alles wird ausführlich beantwortet und mit praktischen Beispielen veranschaulicht.

Der Autor geht zudem darauf ein, warum Pinterest nicht nur privat Spaß macht, sondern auch erfolgreich für eigene Projekte und im Unternehmen eingesetzt werden kann. Er zeigt, wie Sie die eigene Website für Pins aufbereiten, Pinterest in Ihren Social-Marketing-Mix integrieren und einen soliden Workflow erstellen können. Zusätzlich geht er detailliert auf passende Analytics-Tools ein, mit denen Sie Ihre Darstellung auf Pinterest optimieren können.

Zahlreiche Tipps zu nützlichen Zusatztools und Widgets runden das Buch ab.

Probekapitel und Infos erhalten Sie unter:
www.mitp.de/9464

ISBN 978-3-8266-9464-6

Mathias Kempowski

Facebook-Commerce
Erfolgreich auf Facebook verkaufen: Marketing, Shops, Strategien, Monitoring

- Facebook-Marketing: Fans gewinnen, Gruppen aufbauen, Fanpage bewerben

- Produkte verkaufen: Strategien und Lösungen für Facebook-Shops

- Mit vielen praktischen Beispielen und zahlreichen Tipps zu Tools und Dienstleistern

Social-Media-Marketing machen alle – es wird Zeit für Social-Commerce! Viele Nutzer sind mindestens einmal am Tag auf Facebook oder mit ihren Smartphones ununterbrochen online — das sind nicht nur potenzielle Fans, sondern auch potenzielle Kunden.

Mathias Kempowski erklärt Ihnen zunächst die Grundlagen des Facebook-Marketings: Was macht eine gute Unternehmensseite aus? Wie gewinnen Sie echte Fans? Und wie können Sie sich z.B. durch Gruppen eine zusätzliche Community aufbauen?

Danach geht er einen Schritt weiter – denn das Ziel aller Mühen soll am Ende der Verkauf Ihrer Produkte und Dienstleistungen sein. Anhand praktischer Beispiele erfahren Sie, wie ein erfolgreicher Facebook-Shop aufgebaut ist, wie Sie ihn mit iFrames individualisieren und aus welchen Shop-Lösungen Sie wählen können.

Darüber hinaus lernen Sie, wie Sie unter anderem Facebook-Apps, Affiliate-Marketing und Newsletter einsetzen können, um Ihren Gewinn zu steigern.

Ein Kapitel zum Facebook-Monitoring und Hinweise zu rechtlichen Fallstricken runden das Buch ab.

Über den Autor:
Mathias Kempowski unterstützt Unternehmen beim Aufbau und der Vermarktung eigener Firmenblogs und Unternehmensseiten auf Facebook. Als Blogger gibt er Tipps zu Themen wie Existenzgründung und Selbstständigkeit.

Probekapitel und Infos erhalten Sie unter:
www.mitp.de/9295

ISBN 978-3-8266-9295-6

Jim Sterne

Social Media Monitoring

Analyse und Optimierung Ihres Social Media Marketings auf Facebook, Twitter, YouTube und Co.

■ Awareness, Reichweite, Stimmung, Engagement und aktive Teilnahme messen

■ Wichtige Fans, Follower und Multiplikatoren identifizieren

■ Zahlreiche praxisnahe Beispiele

Bei dem Hype um Social Media Marketing mit Facebook, Twitter, Xing und Co. wird ein wichtiger Aspekt oft vergessen: Es ist wichtig, die Ergebnisse und den Erfolg Ihrer Social-Media-Maßnahmen zu messen. Nur so können Sie erkennen, ob sich die Investition lohnt, und Ihre Aktivitäten kontinuierlich verbessern.

Mit diesem Buch lernen Sie, Ihre Social-Media-Kampagnen zu analysieren. Jim Sterne zeigt Ihnen, wie Sie herausfinden, ob Ihre Kampagnen erfolgreich sind und welche Metriken hierfür relevant sind. So führen z.B. mehr Follower auf Twitter und Fans bei Facebook nicht unbedingt dazu, dass Sie letztendlich einen besseren Return on Investment (ROI) erzielen.

Die Analyse der Awareness, Reichweite, Stimmung und Meinung zeigt Ihnen, ob Ihre Message ankommt. Wenn sie kommentiert und von bedeutenden Multiplikatoren weitergeleitet wird, ist das nur der erste Schritt. Erst die aktive Teilnahme von Menschen, die sich engagieren und eine nachhaltige Beziehung zu Ihrem Unternehmen eingehen, ist ausschlaggebend für Ihren Erfolg. Denn letztendlich nutzen Social Media Ihrem Unternehmen nur dann, wenn das Ergebnis Ihrer Aktivitäten für Ihre Unternehmensziele förderlich ist.

Eine Veränderung der Philosophie, ein Wandel der Strategie und brandneue Metriken sind die Schlüssel für den Marketingerfolg in einer vernetzten Welt. Andere Bücher erklären, warum Social Media für Ihren Unternehmenserfolg entscheidend sind und wie Sie partizipieren können. Dieses Buch geht einen Schritt weiter und zeigt Ihnen, was Sie messen, wie Sie vorgehen und welche Maßnahmen Sie aus den Ergebnissen ableiten sollten, um Ihre Social-Media-Programme zu verbessern.

Über den Autor:
Jim Sterne veröffentlichte schon 1994 die erste Seminarreihe »Marketing im Internet«. Heute ist er ein international anerkannter Fachmann für Digitales Marketing und Kundeninteraktion sowie Berater von Internet-Unternehmen. Er ist Gründer des eMetrics Marketing Optimization Summit und Mitbegründer der Web Analytics Association. Weitere Informationen finden Sie unter JimSterne.com.

Probekapitel und Infos erhalten Sie unter:
www.mitp.de/9094

ISBN 978-3-8266-9094-5

David Meerman Scott

Die neuen Marketing- und PR-Regeln im Social Web

Wie Sie Social Media, Online Video, Mobile Marketing, Blogs, Pressemitteilungen und virales Marketing nutzen, um Ihre Kunden zu erreichen

4. Auflage

- Alle Möglichkeiten der webbasierten Kommunikation und Interaktion nutzen
- Marketing- und PR-Plan entwerfen und umsetzen
- Zahlreiche neue Fallstudien und Beispiele aus der Praxis

Das Internet hat die Art und Weise, wie Menschen miteinander kommunizieren und wie Unternehmen mit potentiellen Kunden interagieren können, grundlegend verändert. Während Zielgruppen früher nur durch aufwändige und teure Werbung erreicht werden konnten, bietet das Internet heute zahlreiche neue und effektive Wege, Kunden direkt auf sich aufmerksam zu machen und eine persönliche Beziehung mit ihnen aufzubauen.

Diese einzigartige Anleitung für modernes Online-Marketing zeigt Ihnen, welches Potential die webbasierte Kommunikation und Social Media Ihnen eröffnen, und vermittelt einen konkreten Vorgehensplan: Mittel zum Zweck im Social Web sind Blogs, Podcasting, Facebook, Twitter, Pressemitteilungen, Virales und Mobile Marketing sowie die Erfolgsmessung. Der Autor zeigt Ihnen, wie Sie Ihre Zielgruppen identifizieren, überzeugende Botschaften formulieren, diese an die richtigen Leute senden und die Konsumenten zum Kauf anregen.

Die aktualisierte und erweiterte dritte Auflage veranschaulicht mit zahlreichen überzeugenden Fallstudien und neuen Beispielen aus der Praxis detailliert den Umgang mit den Herausforderungen und Chancen für PR und Marketing. So lernen Sie alles, was Sie brauchen, um die neuen Regeln umzusetzen. Wenn Sie in Ihrem Metier erfolgreich sein wollen, vergessen Sie die Tradition, nutzen Sie die neuen Medien und handeln Sie nach den neuen Regeln für Marketing und PR.

David Meerman Scott ist ein preisgekrönter Online-Thought-Leadership-Stratege. Mit den von ihm entwickelten Marketing-Programmen wurden Produkte und Dienstleistungen im Wert von über einer Milliarde Dollar weltweit verkauft.

Probekapitel und Infos erhalten Sie unter:
www.mitp.de/8206

ISBN 978-3-8266-8206-3

René Kulka

E-Mail-Marketing

Das umfassende Praxis-Handbuch

- E-Mail-Verteiler aufbauen und Maßnahmen planen
- Klickstarke E-Mails und Newsletter gestalten
- Messen, auswerten und Erkenntnisse ableiten
- Rechtliche Aspekte kennen, Spam-Filter umgehen

Keine Web-Applikation wurde so oft totgesagt wie die gute alte E-Mail. Doch Marketer möchten auf das Medium nicht mehr verzichten, sobald sie einmal die Vorzüge erkannt haben.

Professionelles E-Mail-Marketing ist eine besonders effektive Marketing-Disziplin: Newsletter und Kampagnenmails bieten messbar große Erfolge bei einem vergleichsweise geringen Ressourceneinsatz und sind so mit einem hohen Return on Investment sehr gewinnbringend. In diesem Buch erfahren Sie, wie sich E-Mails optimal als Marketinginstrument einsetzen lassen.

Erfolgreich ist E-Mail-Marketing nur, wenn Sie eine Vielzahl von Regeln beachten. Denn so interessant das Medium auf der einen Seite ist – zugleich sind E-Mails häufig auch ein Ärgernis für den Empfänger. René Kulka zeigt, wie Sie im E-Mail-Kanal erfolgreich agieren und Kundenbeziehungen weiterentwickeln – ohne den Abonnenten auf die Nerven zu gehen.

Der Autor vermittelt detailliertes Know-how, das alle Facetten zeitgemäßen E-Mail-Marketings berücksichtigt: Sie lernen, was eine individuelle und überzeugend gestaltete Marketing-Mail ausmacht. Sie erfahren außerdem, wie Sie relevante Informationen zu einem günstigen Zeitpunkt an die richtigen Abonnenten senden. Die Erfolgskontrolle, rechtliche Aspekte sowie die Spam-Problematik werden ebenfalls ausführlich besprochen.

Dieses Handbuch richtet sich sowohl an Einsteiger als auch an Praktiker – mit dem Ziel, eine solide Grundlage für den Auf- und Ausbau ihres E-Mail-Marketings zu legen.

Über den Autor:
René Kulka ist Email Marketing Evangelist bei einem der größten E-Mail-Marketing-Dienstleister im deutschsprachigen Raum. Er steuert dort den Wissenstransfer und informiert in dem E-Mail-Marketing-Blog www.emailmarketing.de regelmäßig über Trend- und Praxisthemen. Er ist darüber hinaus Herausgeber des Fachblogs www.emailmarketingtipps.de.

Probekapitel und Infos erhalten Sie unter:
www.mitp.de/5095

ISBN 978-3-8266-5095-6